AF450628

RÈGLEMENTS ET TARIFS

DU

PILOTAGE

DANS LE

SOUS-ARRONDISSEMENT MARITIME

DE NANTES.

NANTES,

J. FOREST AINÉ,

LIBRAIRE DE LA MARINE,

A l'angle du quai de la Fosse et de la rue J.-J. Rousseau.

—

1859.

NANTES, IMP. DE VINCENT FOREST, PLACE DU COMMERCE, 1.

RÈGLEMENTS ET TARIFS

DU PILOTAGE

DANS LE SOUS-ARRONDISSEMENT MARITIME

DE NANTES.

Extraits de la loi du 12 décembre 1806 sur le pilotage, et du décret-règlement du 5 mars 1859 sur le pilotage de la Loire.

Sont dans l'obligation de prendre un pilote:

Les navires de quatre-vingt (80) tonneaux de jauge et au-dessus; (articles 34 de la loi, 45 et 82 du règlement.)

Du large à Paimbœuf et réciproquement, les navires, quel que soit leur tonnage, dont le tirant d'eau est de trois mètres trente centimètres (3ᵐ 30) et au-dessus. (art. 45 du règl.).

De Paimbœuf à Nantes et réciproquement; les navires, quel que soit leur tonnage, dont le tirant d'eau est de deux mètres trente centimètres (2ᵐ 30) et au-dessus (art. 82 du règl.).

Sur toutes les rades les navires de 80 tonneaux et au-dessus sont tenus de prendre les pilotes pour les changements de place, quand la distance à parcourir est d'une encâblure (200ᵐ) et au-dessus (art. 46 et 88 du règl.).

Le signal pour appeler le pilote est le pavillon à la tête du mât de misaine (art. 20 de la loi et 3 du règl.) Aussitôt que le pilote sera à bord le pavillon devra être amené (art. 21 de la loi) et hissé soit à la corne, soit à tout autre endroit apparent, pour indiquer sa présence à bord et éviter que d'autres pilotes se présentent.

Les navires mouillés doivent faire la demande du pilote, au bureau du pilotage dans les lieux où il en est établi (Belle-Ile, le Croisic, Saint-Nazaire, Paimbœuf, Basse-Indre, Nantes.)

Les capitaines sont tenus de prendre un pilote dans la première chaloupe qui se présente, à quelque distance qu'ils rencontrent cette chaloupe et à quelque station qu'elle appartienne, (art. 45 et 47 du règl.) Ils ont le choix parmi les pilotes montant cette chaloupe (art. 33 de la loi.)

Le capitaine qui, étant dans l'obligation du pilotage refuse le pilote, est tenu de le payer comme s'il s'en était servi, (art. 34 de la loi) et subit toutes les conséquences de cet article.

Le capitaine qui, pour se soustraire au pilotage, fait une fausse déclaration de son tirant d'eau, de son tonnage ou de sa destination, est tenu de payer au pilote qui s'est présenté, le pilotage auquel il est assujetti. De plus il est tenu de payer, s'il y a lieu, au dit lamaneur, en outre du pilotage, une indemnité de déplacement dont la quotité est fixée par le Commissaire de l'Inscription maritime du lieu où se trouve le pilote (art. 32 du règl.) Le tout sans préjudice des conséquences prévues à l'article 32 de la loi de 1806.

Les capitaines sont tenus d'inscrire sur le livret dont chaque pilote est porteur : 1° le point où le navire a été pris ou quitté par le pilote : ce point est déterminé par des relèvements faits en présence du capitaine ; 2°, les déclarations que, aux termes de l'article 32 de la loi de 1806, le capitaine doit faire au pilote dès son arrivée à bord (art. 32 du règl.).

Les pilotes sont porteurs du règlement et doivent l'exhiber toutes les fois qu'ils en sont requis par les capitaines (art. 29 du règl.).

Tout pilote emmené en dehors des limites de sa station a droit à des frais de conduite à raison de (2°) deux francs par myriamètre, à partir du point de débarquement jusqu'au chef-lieu de sa station (art. 7, 9 et 48 du règl.).

Les pilotes employés à un service quelconque autre que le pilotage du navire sont payés par journées, à raison de six francs (6ᶠ) par jour. Toute journée commencée est acquise (art. 31, 83, 84 et 85 du règl.

Toutes les conventions faites en dehors des tarifs et des prix indiqués par le règlement, sont nulles et considérées comme non avenues, sans préjudice des peines portées par l'article 40 de la loi de 1806 (art. 40 et 44 de la loi et 28 du règl.)

Les courtiers et consignataires des navires étrangers sont responsables du paiement des droits de pilotage d'entrée et de sortie (art. 48 de la loi).

A breviate or extract from the law of the 12th *of december 1806 on pilotage, and of the decree regulation of the 5*[th] *of march 1859 on the pilotage of the river Loire.*

Are bound to take a pilot :

Ships of eigty tons Register (80) and above; (article 34* [th] *of the law, 45 and 82 of the regulation.)

From the sea to Paimbœuf and reciprocally; vessels whatever may be their tonnage, the draught of water of which is three metres and thirty centimetre ($3^m.30$) and above. (Article 45 of the regulation.)

From Paimbœuf to Nantes et *vice-versa* ; ships whatever may be their tonnage, the draught of water of which is two metres and thirty centimètres ($2^m.30$) and above. (Art. 82 of regul.)

On all bays and harbours ships of 80 tons and above are bound to take in pilots whenever they move for a cable-length distance (200^m) and above. (Art 46 and 88 of regul.)

The signal for calling up the pilot is the flag at the

top of the mizen mast (art. 20 of the law and 3 of regul.) As soon as the pilot is on board, the flag shall be hauled (art. 21 of the law) and hoisted either to the Gaff, or to any ostensible place to signal his presence on board and so to prevent any other pilots coming in.

Ships laying at anchor must ask for a pilot at the pilotage office in places where there is any (Belle-Ile, le Croisic, Saint-Nazaire, Paimbœuf, Basse-Indre, Nantes).

Captains are bound to take a pilot in the first sloop they meet with, at whatever distant place they find it, and whatever be the station the sloop belongs to, (art. 45 and 47 of regul.). They are allowed to choose among the pilots on board that sloop. (Art. 33 of the law.)

The captain who being liable to pilotage, refuses the pilot is bound to pay him the same as if he had made use of him, (art. 34 of the law) and incurs all the consequences of that article.

The captain who, in order to avoid pilotage duties, makes a false declaration of his draught of water, of his tonnage or of his destination, is bound to pay to the pilot who presented himself, the pilotage which he is submitted to. Moreover he is bound to pay, were there any occasion for, to the afore said river pilot, besides the pilotage, an indemnity of displaeing, the quota of which is fixed by the comissary of maritime inscription of the very place where is the pilot (art. 32 of rigul.). The whole without prejudice of the consequences foreseen in the article 32 of the law of 1806.

Captains are bound to put down in the book of which each pilot is bearer : 1° The name of the place where the vessel has been taken or left by the pilot : this place is determined by survies made in presence of the captains: 2ly the declarations which, according to the terms of the article 32 of the law of 1806, the captain is obliged to make to the pilots at his coming on board (art. 32 of regl.).

Pilots are bearers of the regulation and are obliged

to exibid it every time they are asked for by captains (art, 29 of regul.).

Every pilot taken out of the boundaries of his station has a right to his home expenses at the rate of (2) two francs for each myriametre, i-e from the landing spot up to the chief place of his station (art. 7, 9 and 48 of regul.).

Pilots employed at any work different from pilotage of ships, are paid by the day, at the rate of six francs (6ᶠ per day. Each day begun is due (art. 31, 83, 84 et 85 of regul.).

All agreements made out of the tariffs and prices named in the regulation are annulled and do not stand good in the law, notwithstanding penalties incured by the article 40 of the law of 1806 (art. 40 and 44 of the law and 28 of regul.).

Brokers and Trustees of foreign ships are responsible of the payment of pilotage duties in and out (art. 48 of the law).

Pour la traduction :

W. Leveling.

Auszuege des Gesetzes vom 12 December 1806 ueber das Lootswesen, und der Verordnung vom 5 Maerz 1859 ueber das Lootsen in der Loire.

Sind verpflichtet einen Lootsen zu nehmen :

Die Schiffe die achtzig (80) Tonnen gross gemessen sind und darueber; (art. 34 des Gesetzes, 45 und 82 der Verordnung).

Von See nach Paimbœuf und *vice versa ;* die Schiffe, von welcher Groesse sie auch seyn moegen, deren Tiefgang drei Metres dreizig Centimetre (3ᵐ 30) und darueber ist; (art. 45 der Verord).

Von Paimbœuf nach Nantes und *vice versa ;* die Schiffe von welcher Groesse sie auch seyn moegen, deren Tiefgang zwei Metres dreizig centimetres (2m 30) und darueber ist; (art. 82 der Verord.)

Auf alle Rheden die Schiffe von 80 Tonnen und darueber sind verpflichtet Lootsen zum Verhalen zu nehmen, wenn die Weite eine Kabels-Lengte (200m) und darueber ist; (art. 46 et 88 der Verordn.)

Das Signal um einen Lootsen zu rufen ist die Flagge am Topfe der Bezaans-Mast (art. 20 des Gesetzes und 3 der Verordn). Sobald der Lootse an Bord ist muss die Flagge herunter geholt (art. 21 des Gesetzes) und an den Gaffel oder an eine andere sichtbare Stelle aufgehisst werden, um dessen Gegenwart an Bord anzugeben und zu verhindern dass andere Lootsen zich presentiren.

Die zu Anker liegenden Schiffe muessen ihre Lootsen auf das Lootsen-Bureau in den Oertern wo solche sind, bestellen; Belle-Ile, le Croisic, Saint-Nazaire, Paimbœuf, Basse-Indre, Nantes.)

Die Kapitaine sind verpflichtet einen Lootsen aus der ersten Chaloupe die zich presentirt zu nehmen, auf welcher Distance sie diese Chaloupe begegnen und zu welcher Station dieselbe gehoere, (art. 45 und 47 der Verordn.)

Sie haben die Wahl unter den Lootsen die in der Chaloupe sind (art. 33 des Gesetzes.)

Der Kapitain, der verpflichtet ist einen Lootsen zu nehmen und denselben verweigert, muss ihn bezahlen als wenn er ihn gebraucht haette (ar. 34 des Gesetzes) und unterwirtft sich alle Folgen dieses Artikels.

Der Capitain, der sich des Lootsgeldes entziehen will und eine falsche Angabe von seinem Tiefgange, von seiner Groesse oder von seiner Bestimmung macht, muss den Lootsen der sich presentirt hat, das verschuldete Lootsgeld bezahlen.

Ferner muss er, wenn es verlangt wird, dem Lootsen eine Reise-Entschaedigung ausser dem Lootsgelde geben deren Betrag van dem Commissair der Inscription maritime des Ortes allwo der Loots zich befindet festgesetzt wird (art. 32 der Verordn.) Dies Alles, ohne Vorbehalt der Folgen, vorgesehen im Artikel 32 des Gesetzes von 1806.

Die Kapitaine sind ferner verpflichtet in das Buch, welches jeder Loots bei zich hat, einzuschreiben : 1° Die Stelle wo das Schiff genommen oder verlassen wurde : Dieser Punkt wird durch das Abnehmen in Gegenwart des Kapitains bestimmt; 2° die Angaben, welche, folgends dem Artikel 32 des Gesetzes von 1806, der Kapitain verpflichtet ist dem Lootsen zu machen, sobald er an Bord kommt (art 32 der Verordn.).

Die Lootzen muessen immer das Lootsen-Reglement oder die Verordnung bei zich haben, und dasselbe den Kapitainen zeigen, wenn dieselben es verlangen (art. 29 der Verordn).

Ieder Loots weiter als seine Station mitgenommen kann zwei Franken (2ᶠ) Reisegeld per Myriametre verlangen, von dem Punkt allwo er das Schiff verlassen bis zum Hauptorte seiner Station (art. 7, 9 und 48 der Verordn).

Die Lootsen, die zu anderen Diensten ausser dem Lootzen des Schiffes gebraucht werden, muessen per Tag bezahlt werden, naemlich sechs Franken per Tag (6ᶠ). Ieder angefangene Tag muss als voll bezahlt werden (art. 31, 83, 84 und 85 der Verordnung).

Alle Uebereinkuenfte ausser den Tariffen und den in der Verordnung angegebenen Preisen gemacht, sind Null und nichtig; ohne Nachtheil der Strafe angegeben im Artikel 40 des Gesetzes von 1806 (art. 40 und 44 des Gesetzes und 28 der Verordnung).

Die Maekler und Empfaenger der Ladungen von fremden Schiffen sind fuer die Zahlung des Ein-und-Aussgehenden Lootsgeldes verantwortlich (art. 48 des Gesetzes).

Pour la traduction :

W. LEVELING.

———

Afscrift van de wet van 12 december 1806 over het loods-
wezen en het loodsreglement in de Loire van 5 maart.
1859.

Loodsverpligt zyn : De schepen van 80 gemeetene
Tonnen en daarboven ; (art. 34 van de wet, 45 en 82 van
het Reglement).

Van Zee komende tot Paimbœuf en wederzyds, hoe
groot dezelve ook zyn mogen, die drie metres dertig
centimetres (3ᵐ 30) en daarboven diep gaan; (art. 45
van het Reglement.)

Van Paimbœuf tot Nantes en wederzyds ; de schepen,
hoe groot zy ook zyn mogen, die twee metres dertig
centimetres (2ᵐ 30) en daarboven diep gaan; (art. 82
van het Reglement.)

De schepen van 80 tonnen en daarboven zyn op alle
reeën (raden) verpligt een loods te nemen om te verhalen, wanneer de distantie eene Kabel-lengte (200ᵐ)
en daarboven lang is; (art. 46 et 38 van het Reglement.)

Het signaal om een loods te vragen is, de vlag aan
top van de fokke mast geheist (art. 20 van de wet en 3
van het reglement) zoodrâ de loods aan boord is moet
de vlag neergehaald (art, 21 van de wet) en aan de Gaffel
of aan een ander zigtbaar plaats opgehaald worden, om
zyne tegenwoordigheid aan boord aan tetoonen en te
vermyden dat andere loodsen aan boord komen.

Voor anker liggende schepen moeten hunne loodsen
op het loodsbureau in de plaatsen alwaar dezelve zyn
vragen, (Belle-Ile, le Croisic, Saint-Nazaire, Paimbœuf,
Basse-Indre, Nantes).

Kapiteins zyn verpligt een loods uit het eerst aan-
boord komende loodsboot te nemen, hetzy, alwaar en
op welke distantie zy hetzelve aantreffen en tot wat
station hetzelve toebehoord, (art. 45 et 47 van het
Reglement.) Zy hebben de verkiezing onder de loodsen
die in het loodsboot zyn (art. 33 van de wet).

De kapitein die verpligt is een loods te nemen en
denzelven verweigerd, moet het loodsgeld evenwel
betalen, (art. 44 van de wet) en zich alle gevolgen van
dit artikel onderwerpen.

De kapitein, die, om geen loodsgeld te betalen eene

valsche Declaratie van zyn diepgang, groote of destinatie maakt, is verpligt aan de loods, die zich gepresenteerd heeft, het loodsgeld waaraan hy onderworpen is, te betalen. Verders moet hy aan dien loods indien het verlangt wordt, buiten het loodsgeld eene rys-vergoeding betalen, die van den commissaris over de zeezaaken alwaar de loods is, bepaald wordt, (art. 32 van het Reglement.) Dit al, zonder nadeel van de gevolgen voorgezien in art. 32 van de wet van 1806.

De Kapiteins zyn gehouden in het bookje dat ieder loods by zich heeft, inteschryven : 1° De Punt, alwaar het schip genomen of verlaaten worden is van de loods : deze Punt wordt in de tegenwordigheid van den kapitein bepaald; 2° De verklaaringen die de kapitein by het aankomen aan boord aan de loods maken moet, (art 32 van de wet van 1806 en 32 van het Reglement).

De Loodsen hebben het reglement altoos by zich, en moeten het ieder keer vertoonen, indien kapiteins het verlangen, (art. 29 van het Reglement).

Jeder loods, buiten zyne statie meegenomen is bevoegd (2) twee franken ryse-kosten per myriametre te verlangen, van het Punt alwaar hy het schip verlaat, tot aan de hoofdplaats van zyne statie, art. 7, 9 en 48 van het Reglement).

De Loodsen, die buyten het Loodsen tot andere diensten gebruikt worden, zyn per dag betaald en kreigen ses (6) franken per dag. Ieder aangevangen dag moet geheel betaald worden (art. 31, 83, 84, en 85 van het Reglement).

Alle gemaakte Verdragen die niet in het tarif en in het Reglement aangegevene pryzen staan, hoe ook genaamd, zyn kragteloos, en van geen waarde, zonder nadeel der geldboeten voorgeschreven in artikel 40 van de wet van 1806 (art. 40 en 44 van de wet en 28 van het Reglement).

De makelaars en de cargadoors van vremde schepen zyn voor de betaling van het in-en-uitgaande loodsgeld verantwoordelyk (art. 48 van de wet).

Pour la traduction :

W. Leveling.

Décret impérial contenant Règlement sur le service du Pilotage.

Au quartier impérial de Posen, le 12 décembre 1806.

NAPOLÉON Empereur des Français, Roi d'Italie;
Sur le rapport de notre ministre de la marine et des colonies;

Notre Conseil d'Etat entendu,

Nous avons décrété et décrétons ce qui suit :

CHAPITRE PREMIER.

CONDITIONS POUR L'ADMISSION DES PILOTES-LAMANEURS; LEUR EXAMEN, LEURS FONCTIONS, ET LES MARQUES DISTINCTIVES DE LEUR ÉTAT.

Article premier. — Le ministre de la marine et des colonies fixera le nombre des pilotes-lamaneurs dans chaque port où il en existe, et dans ceux où il sera jugé nécessaire d'en établir, sur les propositions des chefs d'administration de la marine, et de l'avis des chambres du commerce.

Art. 2. — Nul ne pourra être reçu pilote-lamaneur ou locman, s'il n'est âgé de vingt-quatre ans; s'il n'a au moins six ans de navigation, pendant lesquels il aura fait deux campagnes de trois mois au moins au service de l'Etat; et s'il n'a satisfait à un examen sur la manœuvre, la connaissance des marées, des bancs, courants, écueils et autres empêchements qui peuvent rendre difficiles l'entrée et la sortie des rivières, ports et havres du lieu de son établissement.

Les services sur les bâtiments de l'Etat, comme ceux sur les navires du commerce, devront être extraits des rôles d'armement, et certifiés par les administrateurs de la marine.

Art. 3. — L'examen des pilotes sera fait, en présence de l'administrateur du quartier des classes, par un officier de vaisseaux ou de port, deux anciens pilotes-lamaneurs et deux capitaines du commerce, qui seront nommés par l'officier commandant du port.

Cet examen sera gratuit; et il est défendu à ceux qui se feront recevoir pilotes-lamaneurs, de payer aucun droit ni rétribution aux examinateurs, et à ceux-ci d'en recevoir, sous peine de destitution.

Art. 4. — Lorsque plusieurs marins concourront pour une place de pilotes-lamaneurs, celui qui sera jugé avoir subi l'examen prescrit de la manière la plus satisfaisante, sera admis de préférence.

Art. 5. — Le ministre de la marine fera expédier une lettre d'admission à chacun des pilotes-lamaneurs admis : cette lettre sera enregistrée au bureau de l'inscription maritime de leur résidence.

Art. 6. — Pour être reconnus en leur qualité, les pilotes porteront une petite ancre d'argent, de cinquante millimètres (deux pouces), à la boutonnière de leur habit ou gilet.

Art. 7. — Les fonctions de pilotes-lamaneurs exigeant un service continuel et qu'il serait dangereux d'interrompre, ils seront exempts d'être levés et commandés pour le service de l'État et pour tout autre service personnel.

CHAPITRE II.

REMPLACEMENT DES PILOTES.

Art. 8. — Il y aura des aspirants pilotes, dont le nombre ne pourra excéder le quart des pilotes-lamaneurs, et qui seront destinés à les seconder et à les remplacer. Les marins admis à servir en qualité d'aspirants, devront avoir subi le même examen que celui des pilotes.

Art. 9. — Tout pilote qui, par son grand âge ou ses infirmités, sera hors d'état de remplir complétement son service, sera obligé d'en prévenir l'administrateur préposé à l'inscription maritime, qui l'autorisera à s'adjoindre, s'il y a lieu, l'aspirant examiné le plus ancien, lequel sera tenu de faire le service et de donner audit pilote le tiers des bénéfices ; et à défaut de sa déclaration, l'administrateur du quartier maritime nommera un aspirant adjoint sous les mêmes conditions.

ART. 10. — Toute place vacante par mort ou par démission sera donnée à l'aspirant admis en cette qualité et le plus ancien au service, lorsque sa conduite sera sans reproche.

ART. 11. — L'aspirant qui aura servi d'adjoint, conservera ses droits à la première place vacante, et sera remplacé auprès du pilote infirme par l'aspirant admis qui viendra immédiatement après lui.

CHAPITRE III.

INSPECTION ET POLICE DES PILOTES-LAMANEURS.

ART. 12. — L'inspection du service des pilotes est exercée par les officiers militaires chefs des mouvements maritimes, par les officiers préposés à la direction du pilotage, et, en l'absence de ceux-ci, par les officiers des ports du commerce. Ces derniers rendront compte du résultat de leur inspection à l'administrateur de la marine en résidence dans les ports.

ART. 15. — Lorsqu'il y aura plusieurs stations, les pilotes devront porter, dans la partie supérieure de leurs voiles et sur les deux côtés au-dessus de la bande du premier ris, la lettre initiale du nom de leur station, et les numéros qui leur seront indiqués par l'officier d'administration chargé de l'inscription maritime au lieu de leur résidence. La même lettre et le même numéro seront inscrits à l'arrière de leur chaloupe.

ART. 14. — Les pilotes-lamaneurs ne pourront, sous peine de huit jours de prison, s'écarter du lieu de leur domicile ou arrondissement, sans un congé par écrit de l'officier d'administration préposé à l'inscription maritime, qui ne devra en accorder que pour des causes absolument nécessaires. En cas de récidive, il en sera rendu compte au ministre de la marine; il en sera de même si leur absence a excédé la durée de huit jours.

ART. 15. — Les pilotes qui abandonneront leurs fonctions pour naviguer au petit cabotage, ou pour pratiquer les pêches lointaines, seront, par décision du ministre, déchus de leur qualité de pilotes-lamaneurs, et en conséquence inscrits de nouveau sur la matricule des gens de mer de service. Alors ils seront commandés à leur tour pour servir sur les bâtiments de l'Etat.

ART. 16. — Il sera tenu, au bureau de l'inscription maritime de chaque port, une matricule particulière, où seront enregistrés les pilotes-lamaneurs, leur âge, la date de leur admission comme aspirants et comme pilotes, les services signalés qu'ils auront rendus, les récompenses qui en auront été la suite, leurs manquements, leurs fautes graves, et les punitions qu'ils auront subies; enfin la cessation de leurs services, soit par mort, démission ou infirmités.

ART. 17. — Le service de pilote dans chaque station sera fait à tour de rôle pour la sortie. Néanmoins tout capitaine qui voudra prendre un pilote à son choix, en aura la faculté : alors il paiera le pilotage en entier au pilote à qui revenait la conduite du navire; et audit cas ce dernier perdra son tour.

ART. 18. — Tout pilote, à quelque station qu'il appartienne, est tenu de faire la manœuvre convenable pour faciliter l'abordage de la chaloupe du pilote de la prochaine station par lequel il va être relevé; il sera même tenu, lorsque le navire ne devra pas mouiller à la station où il le conduit, de faire le signal indiqué à l'article 20 du présent règlement, dès qu'il sera en vue de cette station, afin que le pilote de tour se prépare et ne retarde pas le navire.

ART. 19. — Tout pilote de tour qui ne se présentera pas vis-à-vis la station à bord du navire qui aura fait le signal, aura perdu son tour, et le premier pilote de la même station pourra le remplacer; à défaut, le pilote qui se trouvera à bord pourra conduire le navire à la station suivante, sans craindre d'être démonté, et il gagnera le pilotage.

Art. 20. — Le signal qui annoncera le besoin d'un pilote, sera le pavillon français à la tête du grand mât, pour les bâtiments de l'Etat; à la tête du mât de misaine, pour ceux du commerce : et pour l'un et l'autre, le pavillon en berne à la poupe.

Art. 21. — Aussitôt que le pilote sera à bord d'un navire, il fera amener les pavillons; faute de quoi il sera tenu de payer douze francs en dédommagement à chaque pilote qui se présenterait pour aborder le navire.

Art. 22. — Si un bâtiment amené par un pilote dans un port provient de pays suspects de contagion, et que ledit bâtiment ne puisse conséquemment être admis à la libre pratique, le pilote conduira le bâtiment à l'endroit fixé pour les visites et précautions sanitaires, sans communiquer avec lui s'il est possible. Le pavillon de quarantaine sera arboré à la tête du mât d'artimon, et si le navire n'a qu'un mât, le pavillon sera frappé sur l'étai de beaupré, et d'une manière visible.

Art. 23. — Lorsqu'un pilote aura abordé un bâtiment destiné à entrer dans le port, il lui fera arborer de suite le pavillon de sa nation, et il préviendra le capitaine qu'il doit faire éteindre tous les feux avant d'être en-dedans du port. Il sera puni de huit jours de prison, si, avant de mettre un navire à quai, il ne lui a pas fait décharger ses fusils et canons, et transporter ses poudres à terre.

Art. 24. — Les pilotes-lamaneurs seront obligés de tenir toujours leur chaloupes garnies d'avirons, voiles et ancres, et d'être en état d'aller au secours des bâtiments au premier ordre ou signal, ou lorsqu'ils les verront en danger, à peine, contre ceux qui s'y refuseraient, d'être poursuivis sur la dénonciation qui en sera faite, et d'être condamnés à un mois de prison, ou à la peine d'interdiction, et même à une punition plus grave, si le cas y échet; sauf à faire taxer particulièrement[1], par le tribunal de commerce, leurs salaires en cas de tempête, eu égard au travail qu'ils auront fait et aux risques qu'ils auront courus.

Tout pilote qui refuserait de marcher quand il en sera requis, sera puni de quinze jours de prison, et interdit en cas de récidive.

Art. 25. — Le pilote-lamaneur qui entreprendra, étant ivre, de piloter un bâtiment, sera condamné à la perte de son salaire, à un mois de prison, et destitué en cas de récidive. Il en serait de même s'il manquait au respect que tout individu doit au capitaine qui commande.

Si le manque de respect, de la part du pilote, était accompagné de menaces ou de voies de fait, le pilote serait arrêté et traduit devant le tribunal compétent, pour être jugé et puni suivant la gravité des faits.

Art. 26. — Les lamaneurs doivent piloter les bâtimens qui se présentent les premiers; et il leur est en conséquence défendu de préférer les plus éloignés aux plus proches, à peine de vingt-cinq francs d'amende.

Cependant, si l'un des bâtiments en vue était en danger, les pilotes seraient tenus alors de l'aborder le premier, tout bâtiment en péril devant être secouru de préférence à tout autre.

Art. 27. — Si le pilote se présente au bâtiment qui aura un pêcheur à bord, avant que les lieux dangereux soient passés, il sera reçu, et le salaire du pêcheur sera déduit sur celui du lamaneur, eu égard à la distance du lieu que le pêcheur aura parcourue à bord du bâtiment.

Art. 28. — Tout pilote convaincu d'avoir fait quelque manœuvre tendant à blesser les intérêts des autres pilotes, ou d'avoir négligé celles dont l'omission aura produit le même effet, sera tenu de restituer ce qu'il aura perçu, et, en cas de récidive, sera puni d'un mois d'interdiction.

Art. 29. — Il est défendu à tout marin qui ne serait point reçu pilote-lamaneur, de se présenter pour conduire les navires à l'entrée et sortie des ports et rivières. Les contrevenants seront punis, la première fois, d'une amende qui ne pourra exéder cinquante francs, et de trois mois de prison; la peine sera double, en cas de récidive.

Art. 30. — Tout pilote est tenu de donner la préférence à un bâtiment de l'Etat, sous peine d'un mois de prison. La même peine sera infligée à celui qui aura évité de conduire un bâtiment de l'Etat, lorsqu'il en aura été requis : en cas de récidive, il sera interdit, et levé comme matelot de classe inférieure pour le service de l'armée navale.

Art. 31. — Tout pilote qui, s'étant chargé de conduire un bâtiment de l'Etat ou du commerce, et ayant déclaré en répondre, l'aura échoué ou perdu par négligence ou par ignorance, ou volontairement, sera jugé conformément à l'article 40 de la loi du 22 août 1790.

Art. 32. — Le capitaine du bâtiment est tenu, aussitôt que le pilote-lamaneur est à son bord, de lui déclarer combien son navire tire d'eau, sous peine de répondre des événements, s'il a recélé plus de trois décimètres (dix pouces). Le capitaine doit aussi faire connaître la marche du navire, et ses qualités et défauts, afin qu'il puisse se régler pour la manœuvre.

Art. 33. — Il sera libre aux capitaines et maîtres de navires français et étrangers, de prendre les pilotes-lamaneurs que bon leur semblera pour entrer dans les ports et rivières, sans que, pour sortir, ils puissent être contraints de se servir de ceux qui les auront fait entrer.

Art. 34. — Tout bâtiment entrant ou sortant d'un port, devant avoir un pilote, si un capitaine refusait d'en prendre un, il serait tenu de le payer comme s'il s'en était servi : dans ce cas, il demeurera responsable des événements; et s'il perd le bâtiment, il sera jugé suivant l'article 31 du présent réglement.

Sont exceptés de l'obligation de prendre un pilote, les maîtres au grand et petit cabotage, commandant des bâtimens français au-dessous de quatre-vingt tonneaux, lorsqu'ils font habituellement la navigation de port en port, et qu'ils pratiquent l'embouchure des rivières.

Mais les propriétaires des navires chargeurs ou tous autres intéressés pourront contraindre les capitaines, maîtres et patrons, à prendre des pilotes; et ils auront la faculté de les poursuivre devant les tribunaux, en cas d'avaries, échouements et naufrages occasionnés par le refus de prendre un pilote.

Art. 35. — Il est expressément défendu aux pilotes de quitter les navires qu'ils conduiront, avant qu'ils soient ancrés dans les rades ou amarrés dans les ports, ainsi que d'abandonner ceux qu'ils sortiront avant qu'ils soient en pleine mer, au-delà des dangers, à peine de la perte de leurs salaires, de trente francs d'amende, d'interdiction pendant quinze jours, et de plus forte punition s'il y a lieu.

Il est défendu aux capitaines de retenir les pilotes au-delà du passage des dangers, et aux pilotes de monter à bord contre le gré des capitaines.

Art. 36. — Tout pilote qui conduira un navire entrant sur son lest, ne souffrira pas qu'il soit mis du lest sur le pont ni à portée d'être jeté à l'eau; il s'opposera formellement à ce qu'il en soit versé dans les passes, rades, ports et rivières, et s'il s'apercevait que malgré sa défense il en aurait été jeté à l'eau, il en rendra compte, aussitôt sa mission remplie, à l'officier militaire chef des mouvements maritimes, à l'officier chef du pilotage, ou à l'officier de port du commerce.

Les pilotes qui négligeraient de faire de suite leurs rapports de cette contravention de la part des capitaines, seront punis de huit jours de prison : les capitaines délinquants seront condamnés, conformément à l'article 6, titre IV, livre IV de l'ordonnance de 1681, à une amende de cinq cents francs pour la première fois; et en cas de récidive, leurs bâtiments seront saisis et confisqués.

Art. 37. — Il est expressément enjoint aux pilotes-lamaneurs de visiter journellement les rivières, rades et entrées des ports où ils sont établis, de lever les ancres qui y auront été laissées sans bouées, d'en faire dans les vingt-quatre heures leur déclaration à l'officier militaire des mouvements maritimes, au bureau de pilotage, et au capitaine de port du commerce.

Art. 38. — S'ils reconnaissent quelques changements dans les fonds et passages ordinaires des bâtimens, et que les bouées, tonnes ou balises ne soient pas bien placées, ils seront tenus de faire les déclarations prescrites par les articles 36 et 37.

Art. 39. — Les maîtres et capitaines de navires et les pilotes qui auront été forcés, par la tempête ou autre accident, de couper leurs câbles et de laisser leurs ancres en rade, seront tenus d'y attacher, si faire se peut, des orins et bouées en bon état et capables de lever lesdites ancres, et d'en faire la déclaration prescrite par les articles 36 et 37.

Les ancres et câbles seront levés au premier temps opportun par les pilotes, et conduits à bord des bâtimens auxquels ils appartiennent, dans le cas où il n'y aurait pas déjà été pourvu par les équipages mêmes desdits bâtiments ou par d'autres bâtiments.

Lorsque lesdites ancres seront trouvées sans bouées, il sera payé, si le bâtiment est français, pour droit de sauvetage, le quart de la valeur desdits ancres et câbles ; le sixième si elles sont trouvées avec des bouées. Pour un bâtiment étranger, il sera payé la moitié si l'ancre est trouvée sans bouée, et le tiers si elle a une bouée : le tout au dire d'experts qui seront nommés, l'un par le chef des pilotes, et l'autre par le capitaine ou maître du bâtiment.

Si l'ancre appartient à un bâtiment de l'Etat, elle sera levée par les soins de l'administrateur de la marine ou du capitaine de port, et les frais de sauvetage seront payés en proportion des travaux qui auront eu lieu.

CHAPITRE IV.

DES SALAIRES DES PILOTES.

Art. 40. — Les pilotes ne pourront exiger une plus forte somme que celle portée au tarif dressé dans chaque port, sous peine de la restitution de la totalité du pilotage qu'ils auront reçu, d'être interdits pendant

un mois ; et en cas de récidive, ils le seront à perpé-
tuité.

Art. 41. — Il sera dressé, dans chaque port où ce
travail n'a pas encore été fait, et pour chaque station,
un tarif des droits de pilotage pour les bâtiments nationaux et étrangers, conformément à la loi du 15
août 1792.

L'administration de la marine et le tribunal de commerce du lieu concourront à la rédaction de ce tarif,
qui, avant d'être soumis par le ministre de la marine
et des colonies à notre approbation en notre Conseil
d'état, devra être préalablement examiné et discuté
par le conseil d'administration de la marine établi dans
le chef-lieu de la préfecture maritime.

Lorsqu'il y aura lieu à modifier ces tarifs, il sera
procédé de la même manière à leur révision.

Le même mode sera suivi, lorsque les préfets maritimes reconnaîtront que, pour faciliter et assurer le
service du pilotage dans les ports de leur arrondissement, il est nécessaire de déterminer, par des
règlements particuliers et appropriés aux localités, les
dispositions auxquelles les pilotes et les capitaines de
navires devront être assujettis.

Art. 42. — Lorsque, dans un port de commerce, les
armateurs et négociants voudront se réunir pour entre-
prendre le service du pilotage, et que les pilotes atta-
chés à ce port consentiront à l'arrangement qui leur
sera proposé, les préfets maritimes détermineront,
conformément à la loi du 15 août 1792, les conditions
d'après lesquelles le service du pilotage sera réglé, le
nombre de chaloupes qui devra être constamment
entretenu, la nature de leur armement, les salaires
des pilotes, le mode de la recette des droits perçus sur
les navires nationaux et étrangers, et l'inspection à
laquelle le service sera soumis.

Dans ce cas, les négociants et armateurs éliront an-
nuellement trois d'entre eux, lesquels, réunis à l'officier d'administration préposé à l'inscription maritime
et à l'officier de marine chef des mouvements maritimes,
ou à l'officier chef du pilotage, formeront une com-

mission administrative pour maintenir le bon ordre et la régularité dans le service du pilotage.

Tous les arrêtés de cette commission, avant d'être exécutoires, devront être soumis à l'examen de l'administrateur supérieur de la marine, lequel, lorsqu'il y aura lieu, prendra les ordres du ministre.

Cet administrateur et les trois négociants désignés par la chambre de commerce, se réuniront pour examiner et arrêter, dans le cours du mois de janvier, les comptes de recettes et dépenses faites pendant l'année précédente par la commission administrative.

Dans les ports où le service du pilotage sera établi suivant le mode indiqué ci-dessus, il sera accordé, sur les fonds du pilotage, une solde de retraite aux pilotes que leur âge et leurs infirmités empêcheraient de continuer leurs fonctions, et qui auraient donné leur démission.

Cette solde sera réglée par la commission administrative, suivant la nature et la durée de leurs services : tout ou partie de cette solde sera réversible à la veuve, à titre de pension alimentaire.

ART. 43. — En cas de tempête et de péril évident, une indemnité particulière, fixée par le tribunal de commerce, sera payée par le capitaine au pilote ; elle sera réglée sur le travail et les dangers qu'il aura courus.

ART. 44. — Toutes promesses faites aux pilotes-lamaneurs et autres mariniers dans le danger du naufrage, sont nulles.

ART. 45. — Les pilotes rendus à bord du navire pourront renvoyer de suite leurs chaloupes, à moins que le capitaine ne leur remette sur-le-champs une demande par écrit de les laisser pour le service du navire ; et, en ce cas, il sera alloué au pilote la somme portée par le tarif arrêté dans le port pour chaque jour que la chaloupe aura été employée à ce service.

ART. 46. — Lors d'un gros temps, si la chaloupe d'un pilote, en abordant un navire à la mer, reçoit quelques avaries, elle sera réparée aux frais du navire et de la cargaison ; et il en sera de même si la chaloupe se perd en totalité.

Art. 47. — **Dans** tous les cas, pour que les pilotes puissent réclamer une indemnité, il seront tenus de produire un certificat du capitaine, qui constatera la perte des chaloupes ou leurs avaries; et si le capitaine s'y refusait, le fait serait constaté par l'enquête faite dans l'équipage du navire et celui de ladite chaloupe.

Art. 48. — Les courtiers et consignataires des navires étrangers sont responsables du paiement des droits de pilotage d'entrée et de sortie.

Art. 49. — Pour assurer la perception des frais de pilotage, tout consignataire de navire sera tenu, dans les vingt-quatre heures de l'arrivée du navire à lui adressé, ou dont il aura la consignation, de faire, au bureau du pilotage ou au bureau du capitaine de port s'il n'y a pas de bureau de pilotage, une déclaration par écrit, et signée de lui, contenant les noms, espèce, pavillon et tonnage du navire, son tirant d'eau sous charge et lége; le nom du capitaine, maître ou patron; le lieu d'où il a été expédié; la date de son arrivée; le nombre de tonneaux chargés, et s'il est arrivé en relâche, ou s'il est destiné pour le port.

Les consignataires seront tenus de faire pareille déclaration à la sortie.

CHAPITRE V.

DES TRIBUNAUX COMPÉTENTS POUR LES AFFAIRES DU PILOTAGE, EN MATIÈRE CIVILE, CORRECTIONNELLE ET CRIMINELLE.

Art. 50. — Les contestations relatives aux droits de pilotage, indemnités et salaires de pilotes, seront jugées par le tribunal de commerce du port.

Les pilotes-lamaneurs qui devront être punis des peines correctionnelles, telles que la prison ou l'interdiction pendant moins d'un mois, seront jugés par l'officier chef des mouvements maritimes, ou par celui préposé à la direction du pilotage; et en l'absence de ceux-ci, par l'officier du port de commerce, sous l'autorisation de l'administrateur supérieur de la marine, ou de celui préposé à l'inscription maritime.

Les délits qui devront donner lieu à des peines plus graves, à des amendes et à des peines afflictives, seront jugés par les tribunaux de police correctionnelle et les cours de justice criminelle.

Art. 51. — Lorsque les délits auront été commis à bord d'un bâtiment de l'Etat, ou que les faits seront, par leur nature, de la compétence maritime, et qu'ils intéresseront le service de la marine impériale, ils seront jugés suivant les lois et règlements de la marine.

Art. 52. — Dans tous les cas comportant punition, la peine sera double, lorsqu'un bâtiment de l'Etat aura été l'objet du délit.

Art. 53. — Le montant des amendes prononcées contre les pilotes, par quelque tribunal que ce soit, sera versé dans la caisse des invalides de la marine du port où les délits et contraventions auront eu lieu.

Art. 54. — Une expédition de tous les jugements prononcés contre les pilotes sera adressée à l'administrateur de la marine dans le quartier sur les registres duquel le pilote sera inscrit, afin qu'il en soit pris note sur la matricule des pilotes.

Art. 55. — Chaque pilote ou aspirant admis sera muni d'un exemplaire du présent règlement, lequel, dans chaque port sera placardé dans le bureau de l'administrateur préposé à l'inscription maritime, dans celui du chef du pilotage et du capitaine de port.

Art. 56. — Notre grand-juge ministre de la justice, et notre ministre de la marine et des colonies, sont chargés, chacun en ce qui le concerne, de l'exécution de notre présent décret.

Signé **NAPOLÉON**.

Par l'Empereur:

Le Secrétaire d'Etat, signé Hugues B. Maret.

Décret portant règlement sur le service du Pilotage dans le sous-arrondissement de Nantes (Loire-Inférieure).

Du 5 Mars 1859.

NAPOLÉON, par la grâce de Dieu et la volonté nationale, EMPEREUR DES FRANÇAIS,

A tous présents et à venir, SALUT.

Sur le rapport de notre ministre secrétaire d'état de la marine ;

Vu la loi du 15 août 1792 et le décret du 12 décembre 1806, sur le pilotage ;

Vu le décret du 13 août 1853, relatif au pilotage dans le 3e arrondissement maritime ;

Vu l'avis du conseil d'amirauté en date du 8 juin 1858 ;

Notre Conseil d'état entendu,

AVONS DÉCRÉTÉ ET DÉCRÉTONS ce qui suit :

Règlement général pour le service du Pilotage dans le troisième arrondissement maritime.

DISPOSITIONS GÉNÉRALES.

DES PILOTES, DES ASPIRANTS, DES ÉLÈVES OU GARÇONS-PILOTES ET DES PRATIQUES.

ARTICLE PREMIER. — Les pilotes sont dans l'obligation de demeurer au chef-lieu de leur station.

Les stations qui n'ont qu'un pilote doivent avoir un aspirant.

ART. 2. — Il est reçu dans les chaloupes des élèves ou garçons-pilotes, sur l'ordre ou avec l'autorisation du directeur des mouvements du port du chef-lieu du sous-arrondissement.

Leur nombre par chaloupe est réglé par lui et ne peut excéder le nombre total des aspirants pilotes.

Le salaire des garçons-pilotes est l'objet d'une convention entre eux et les pilotes, approuvée par le directeur des mouvements du port.

Les élèves ou garçons-pilotes doivent tous être inscrits maritimes.

Art. 3. — Les pilotes sont tenus d'aller au-devant des bâtiments qui viennent de la mer, en se conformant aux prescriptions du présent règlement. A cet effet, une partie de leurs chaloupes croise, pendant le jour, au large du point de départ; l'autre partie est à flot, en état d'aller, dès le premier signal, au secours des bâtiments qui réclameraient leur assistance. En cas de nécessité, et sous les réserves établies par l'article 22, ils ont la faculté de relâcher, avec leurs chaloupes, dans tous les ports et rades du continent et des îles voisines.

Pour appeler les pilotes pendant le jour, les navires portent au mât de misaine un pavillon blanc bordé de bleu, comme il est dit à l'article 21, ou, à défaut, le pavillon national; pendant la nuit, ils hissent un feu.

Art. 4. — Lorsqu'un pilote est employé à bord d'un bâtiment, il y est nourri ou reçoit une indemnité de 1 fr. 50 cent. par jour, pour lui tenir lieu de la ration, en tant que la chaudière n'est pas établie à bord.

Art. 5. — Tout pilote qui est arrêté à l'avance par un capitaine, étant dès lors enlevé au service général, reçoit, du moment où il est arrêté, 4 fr. par jour, et a droit à la ration. Cette indemnité cesse le jour où le navire met sous voiles.

Art. 6. — Sauf l'exception stipulée en l'article 83, spécial au service intérieur de la Loire, tout pilote arrêté par un navire doit constamment rester à bord, en rade, dans le port et même lorsqu'il est amarré au quai. Tant que le navire est à l'ancre, le pilote ne peut s'absenter que du consentement par écrit du capitaine ou de l'officier qui le représente.

Cette permission indique l'heure à laquelle le pilote doit être de retour à bord.

Art. 7. — Tout pilote qui, pour cause de glaces ou toute autre cause de force majeure, ne peut conduire un navire à sa destination, et est forcé de chercher un abri dans une baie, rivière ou tout autre mouillage extérieur, a droit à une indemnité de 4 francs par jour et à la ration pendant tout le temps de sa présence à bord.

Toutefois, le capitaine est libre de renvoyer son pilote, en lui payant, en sus du pilotage acquis, des frais de route pour retourner chez lui, à raison de 2 francs par myriamètre jusqu'au chef-lieu de la station.

Dans les cas prévus par le présent article, le pilote n'a droit qu'à un seul pilotage pour chaque station, quand bien même, pour la sûreté des navires, les stations auraient été plusieurs fois parcourues.

ART. 8. — Tout pilote retenu à bord d'un navire pour cause de quarantaine reçoit 4 francs par jour de présence à bord, et la ration.

ART. 9. — Si, par événement de force majeure, un pilote était contraint de passer les limites extérieures de sa station, le capitaine serait tenu de lui payer 4 francs par jour et de lui fournir la ration pendant tout le temps de sa présence à bord.

Sur quelque point qu'il soit débarqué à la mer, dans le voisinage des côtes de France, ou, en France, hors des limites de sa station, il reçoit, avec le prix du pilotage acquis, des frais de conduite à raison de 2 francs par myriamètre, à partir du point de débarquement jusqu'au chef-lieu de sa station.

S'il était débarqué hors de France, le capitaine devrait pourvoir aux frais de rapatriement du pilote, qui aurait droit, en outre, à l'indemnité de 4 francs par jour jusqu'à son arrivée sur un point du territoire, et à 2 francs de conduite par myriamètre de ce point au chef-lieu de sa station.

ART. 10. — A défaut de pilote ou d'aspirant, tout capitaine peut prendre un pratique ou un pêcheur, qui est payé comme le pilote, jusqu'à la limite de la station dans laquelle il a abordé le navire, et même au-delà de cette station, et à raison de la distance parcourue, s'il n'est relevé qu'après l'avoir dépassée.

Le pratique perd ses droits à tous salaires si, dès son arrivée à bord, il ne fait pas hisser le signal pour appeler le pilote.

Sous tous les autres rapports, le pratique est assimilé au pilote, et doit, en conséquence, verser entre les mains du pilote-major les 3 p. 0/0 déterminés par l'article 18 ; mais le certificat de pilotage à délivrer à ce marin doit exprimer qu'il a été spécialement requis par le capitaine par suite de l'absence de pilote.

Les frais de pilotage sont payés au pilote appelé par signal ou autrement à bord d'un navire.

ART. 11. — Toutes les contestations relatives aux droits de pilotage, indemnités ou salaires, qui pourraient s'élever entre le capitaine du navire et le pilote, sont réglées, sommairement et sans frais, par le commissaire de l'inscription maritime et le président du tribunal de commerce, sans que ce règlement, purement officieux, puisse ôter aux parties qui n'en seraient pas satisfaites le droit de faire prononcer judiciairement sur ces contestations par le tribunal de commerce, conformément à l'article 50 du décret du 12 décembre 1806.

ART. 12. — Lorsqu'un bâtiment de l'État est piloté, à défaut de lamaneur, par un marin de l'équipage, autre que le pilote côtier, il est payé à ce marin la moitié du prix du pilotage.

Le certificat à délivrer à cet effet par les autorités du bord doit mentionner formellement qu'il ne s'est pas présenté de lamaneur pour piloter le bâtiment.

ART. 13. — Le pilote pris par un bâtiment à vapeur de l'État soumis à des expériences reçoit quinze francs par chaque jour de présence à bord.

Toute journée commencée compte pour un jour.

ART. 14. — Le bulletin pour le paiement du pilotage est conforme au modèle annexé au présent règlement sous le numéro 11.

Le pilote est soldé de la main à la main par le capitaine, ou reçoit de lui, aussitôt qu'il a rempli ses fonctions, un bon de pilotage payable à présentation par l'armateur ou le courtier, à moins qu'il n'y ait des plaintes portées contre lui devant l'administration de la marine, ou une action intentée devant le tribunal de commerce.

Dans tous les cas, le pilote doit toujours tenir compte au pilote-major des augmentations ordonnées par les articles 18 et 89.

Art. 15. — Si, du fait du capitaine, le pilote était contraint de rentrer le navire sortant, les pilotages de l'entrée et de la sortie lui seraient acquis jusqu'au point atteint par le navire, et depuis ce point.

Si la rentrée avait lieu par force majeure ou par vents contraires, le pilote n'aurait droit qu'à la moitié desdits pilotages.

Art. 16. — Les capitaines qui ont à se plaindre de leur pilote, pour un motif quelconque, sont tenus d'en faire un rapport et de l'adresser au directeur des mouvements du port du sous-arrondissement dont dépend la station du pilote, sans préjudice des droits que leur confère l'article 50 du décret du 12 décembre 1806, de s'adresser directement, selon les cas, aux officiers des ports de commerce, aux administrateurs de l'inscription maritime et aux tribunaux compétents.

Art. 17. — Les pilotes-majors sont chargés de la surveillance de leurs stations, sous les ordres du directeur des mouvements du port du sous-arrondissement. Ils donnent la direction aux pilotes, tant pour les envoyer en mer au-devant des navires que pour la sortie des bâtiments ; et, en général, pour tout ce qui a rapport au service du pilotage.

Ils sont nommés, dans le sous-arrondissement de Lorient, par le préfet maritime, et, dans celui de Nantes, par le chef du service de la marine, sur la proposition du directeur des mouvements du port de Lorient ou de Nantes, et de l'avis des chambres de commerce.

Art. 18. — Il est alloué au pilote-major, sauf les exceptions mentionnées en l'article 90, à titre d'honoraires qu'il perçoit lui-même, un droit de 3 p. 0/0 du prix de tout pilotage fait par les pilotes de sa station.

Ladite rétribution est supportée 2 p. 0/0 par le navire et 1 p. 0/0 par les pilotes.

Le pilote-major a, en conséquence, à ajouter 2 p. 0/0 au prix de chaque pilotage dont le bulletin, pour être payable, doit être visé par lui, et il reçoit des mains du pilote les 3 p. 0/0 qui sont accordés.

Les bulletins sont délivrés en duplicata, sans aucune retenue par le pilote-major de Saint-Nazaire, aux pilotes et pratiques du sous-arrondissement de Lorient, qui sont tenus d'en remettre une expédition à leurs pilotes-majors respectifs.

DES CHALOUPES.

ART. 19. — Les chaloupes admises au service du pilotage y sont exclusivement affectées. Les propriétaires doivent les entretenir; ils ne peuvent, dans aucun cas, en ce qui concerne les chaloupes et leurs mouvements, refuser d'obtempérer aux ordres qu'ils reçoivent du pilote-major ou du directeur des mouvements du port.

Les chaloupes on bateaux-pilotes sont munis d'un rôle d'équipage, conformément au décret du 19 mars 1852.

Les mousses sont embarqués à bord de ces chaloupes ou bateaux dans la proportion fixée par l'article 2 du décret du 23 mars 1852.

Les bateaux d'assistance qui concourent au service des bateaux-pilotes sont dispensés de cette double obligation.

ART. 20. — Les pilotes des stations dont les chaloupes n'ont pas un tonnage déterminé par le présent règlement sont tenus d'avoir des chaloupes de la plus grande dimension possible, d'après leurs localités, et susceptibles d'aborder les navires en tout temps.

ART. 21. — Il est expressément ordonné que les chaloupes de toutes les stations portent les marques distinctives ci-dessous décrites :

1° Peinture extérieure noire avec ceinture blanche de 0^m,15 de largeur à la distance de 0^m,15 du plat-bord;

2° Il est peint dans chaque voile, au-dessus de la bande du premier ris, la lettre initiale du nom de la station et le numéro indiqué par le commissaire de l'inscription maritime.

La même lettre et le même numéro sont inscrits à l'avant et à l'arrière de chaque chaloupe. En outre, il est peint sur chaque voile, en noir, une ancre de 3 mètres de hauteur ;

3° Sur un bâton au-dessus du grand mât, un pavillon blanc, bordé de bleu, de 1^m,20 sur 1^m,30, et dont la bordure, a 0ᵐ,20 de largeur ; ledit pavillon doit rester déployé tant que les chaloupes sont dehors, même si elles sont à l'ancre.

Les marques distinctives sont renouvelées sur l'ordre du pilote-major.

Art. 22. — En cas de relâche des chaloupes, les pilotes sont tenus de déclarer à l'agent de la marine, ou, à défaut, à l'agent de la douane de la localité, les motifs de leur relâche, et d'en réclamer un certificat constatant le cas de force majeure, qu'ils remettent au pilote-major à leur retour.

Art. 23. — Les aspirants pilotes, non adjoints aux pilotes âgés, sont de droit garçons de chaloupes allant en croisière. Lorsque leur nombre est insuffisant pour fournir des garçons à toutes les chaloupes, les pilotes peuvent choisir, sauf approbation du directeur des mouvements du port, parmi les marins admis par lui pour ce service, ceux auxquels ils voudront confier le soin de leur chaloupe.

DISPOSITIONS DIVERSES.

Art. 24. — Les bateaux à vapeur jaugeant 80 tonneaux et au-dessus sont soumis au pilotage comme les bâtiments à voiles, et paient la moitié des prix qui sont appliqués à ceux-ci, conformément à l'ordonnance du 10 août 1841.

Art. 25. — Quand un bâtiment à vapeur remorque un navire, soit à voiles, soit à vapeur, s'il y a un seul pilote, il doit être payé d'après le tirant d'eau du plus grand considéré dans tous les cas comme bâtiment à voiles.

S'il y a un pilote à bord de chacun des deux bâtiments et si le bâtiment remorqué est le plus grand, le droit de pilotage, pour chacun des pilotes, est établi d'après le tirant d'eau de ce dernier.

Si, au contraire, le bâtiment remorqué est le plus petit, le droit de pilotage, pour chacun des pilotes, est établi d'après le tirant d'eau respectif des bâtiments qu'ils montent, le tout sauf l'exception prévue par l'article 37, relatif au service intérieur de la Loire.

Art. 26. — Les prix fixés par le présent règlement pour les navires du commerce français sont applicables aux bâtiments de la marine de l'État.

Art. 27. — Les prix fixés par les tarifs sont applicables à tous les bâtiments français et étrangers assimilés, astreints par la loi ou par convention particulière à prendre un pilote, quelle que soit, d'ailleurs, la forme de la carène et de la mâture.

Les capitaines des navires étrangers non assimilés, de quelque forme ou capacité que puissent être ces navires, paient moitié en sus du prix fixé pour les bâtiments français.

Pavillons jouissant du bénéfice de l'assimilation.

1°
Sans aucune restriction. } Pavillons .... {
de Belgique.
de Bolivie.
du Brésil.
du Chili.
de Costa-Rica.
du Danemark.
de l'Équateur.
d'Espagne.
des États-Unis.
de Guatemala.
de Hollande.
du Mexique.
de la Nouvelle-Grenade.
du Paraguay.
d'Uruguay.
de Venezuela.

2°
Sous les conditions indiquées ci-contre à l'entrée comme à la sortie. } Pavillon d'Angleterre. {
Les navires *chargés* venant des ports ou se rendant dans les ports du Royaume-Uni ou des possessions de ce royaume en Europe;
Les navires sur lest, quelle que soit leur provenance ou leur destination.

N. B. À l'entrée comme à la sortie, sont affranchis de tous droits quelconques de navigation les bateaux pêcheurs appartenant au Royaume-Uni ou à ses possessions en Europe, qui, forcés par le mauvais temps de chercher un refuge dans les ports ou sur les côtes de France, n'y ont effectué aucun chargement ni déchargement.

Sous
les conditions
indiquées
ci-contre
à l'entrée
comme
à la sortie.

Pavillon des Deux-Siciles

Les navires venant *directement, avec chargement,* de l'un des ports du royaume;
Les navires venant *sur lest* de tous ports quelconques;
Les paquebots-postes et les bâtiments à vapeur, même dans le cas d'escale intermédiaire.

Pavillon Dominicain.

Les navires venant *directement, avec chargement,* des ports de la République dominicaine, ou sur lest de tous ports quelconques.

Pavillon de Portugal.

1° Les Navires venant directement des ports du Portugal, *avec chargement,* et *sans chargement,* de tout port quelconque;
2° Les navires à vapeur portugais affectés à un service régulier et périodique entre les ports du Portugal et ceux d'un autre pays quelconque, qui, durant leur trajet, soit à l'aller, soit au retour, feront escale dans les ports de..............

Pavillon de Russie.

Les navires venant, 1° *avec chargement,* d'un port russe autre que ceux de la mer Noire ou de la mer d'Asow;
2° *sur lest,* de tous ports quelconques autres que ceux de la mer Noire ou de la mer d'Azow.

Pavillon de Sardaigne.

Les navires venant *directement* d'un port de Sardaigne avec *chargement,* ou *sur lest* de tous ports quelconques.

Pavillon de Toscane.

Les navires venant *directement* des ports de Toscane, *avec chargement,* et, *sans chargement,* de tous ports quelconques.

2*

Au fur et à mesure que surviennent de nouveaux traités d'assimilation, les commissaires de l'inscription maritime veillent à ce que les pilotes et entrepreneurs de pilotage en reçoivent la notification et s'y conforment pour la perception des droits afférents à ce service.

Art. 28. — Toutes les conventions faites en dehors des tarifs et des prix indiqués par le présent règlement sont nulles et considérées comme non avenues, sans préjudice des peines portées par l'article 40 du décret de 1806.

Art. 29. — Un exemplaire du présent règlement est remis à chaque pilote, qui doit l'exhiber toutes les fois qu'il en est requis par un capitaine.

Le commissaire de l'inscription maritime, avant de remettre cet exemplaire, y inscrit et certifie les nom, prénoms et date de nomination du pilote.

SERVICE DU PILOTAGE

DANS LE SOUS-ARRONDISSEMENT DE NANTES.

Dispositions préliminaires communes à toutes les stations du sous-arrondissement.

Art. 30. — Le service du pilotage est fait par des pilotes et des aspirants pilotes ; le nombre de ces derniers ne peut excéder le quart de celui des pilotes.

Tout pilote qui, conformément à l'article 9 du décret du 12 décembre 1806, est hors d'état de remplir ses fonctions, peut, s'il ne veut jouir des bénéfices de cet article, offrir sa démission par écrit, et, si elle est acceptée, il a droit à une pension qui lui est payée sur les fonds de la caisse de réserve instituée par l'article 89.

Art. 31. — Dans les cas autres que ceux prévus par les articles 7 et 8 du présent règlement, le pilote requis pour un service autre que le pilotage reçoit 6 francs par jour et la ration d'après les dispositions de l'article 4.

Toute journée commencée est acquise.

ART. 32. — Le capitaine qui, pour se soustraire au pilotage, a fait une fausse déclaration de son tirant d'eau, de son tonnage ou de sa destination, est tenu de payer au pilote qui s'est présenté le pilotage auquel il est assujetti.

Dans le cas où, par suite de cette fausse déclaration, le pilote est obligé de se déplacer pour se faire rendre justice, le capitaine est tenu de payer audit lamaneur, en outre du pilotage, une indemnité de déplacement dont la quotité est fixée par le commissaire de l'inscription maritime du lieu où se trouve le navire.

ART. 33. — Chaque pilote ou aspirant pilote doit se munir d'un livret mentionnant ses nom, prénoms, la date et le lieu de sa naissance, sa filiation, son signalement, la date et le lieu de sa nomination et la station à laquelle il appartient. Ce livret, coté et parafé par le commissaire du quartier, sert :

1° A inscrire le point où chaque navire a été pris et quitté par le pilote : ce point est déterminé par des relèvements faits en présence du capitaine ;

2° A recevoir les déclarations que, aux termes de l'article 32 du décret du 12 décembre 1806, le capitaine doit faire au pilote dès son arrivée à bord ;

3° A inscrire l'opinion du capitaine sur la manière dont le pilote s'est acquitté de son service ;

4° A inscrire la somme payée au pilote par le capitaine ou la déclaration qu'il ne lui a rien été payé.

Ces renseignements seront inscrits sur le livret par les soins du capitaine.

ART. 34. — Les pilotes sont tenus de pourvoir eux-mêmes à leur embarquement à bord.

Le navire doit les mettre à terre.

Le capitaine est tenu de recevoir un pilote de la première chaloupe qui se présente, quelle que soit la station à laquelle elle appartienne.

Suivant l'article 33 du décret du 12 décembre 1806, il a le droit de choisir parmi les pilotes montant cette chaloupe. S'il n'use pas de cette faculté, le navire revient au pilote de tour.

Lorsque plusieurs chaloupes se rendent en même temps à bord d'un navire, le pilotage appartient à la chaloupe qui, la première, parvient à une encâblure de ce bâtiment; les autres doivent immédiatement abandonner la poursuite.

Art. 35. — Si, dans le délai de trois mois, à partir de la mise à exécution du présent règlement, les pilotes ne sont pas munis des embarcations prescrites par les articles 49, 53, 62 et 63, le pilote-major peut être autorisé par le directeur des mouvemens du port à faire une retenue de 10 p. 0/0 sur le produit net de chaque pilotage jusqu'à concurrence de la somme nécessaire à l'acquisition des embarcations manquantes.

Le pilote-major ordonne les réparations à faire aux chaloupes et embarcations; au besoin, il les fait exécuter d'office, après en avoir reçu l'autorisation du directeur des mouvements du port, et en se conformant, pour le payement, s'il y a lieu, aux prescriptions du paragraphe précédent.

Le remplacement des chaloupes est ordonné par le directeur des mouvements du port, et, au besoin, il y est procédé comme il vient d'être dit.

Les chaloupes appartiennent soit à tous les pilotes d'une même station, soit aux pilotes qui les montent; elles sont, en conséquence, construites à frais communs ou aux frais des pilotes propriétaires. Lors du décès ou du renvoi d'un pilote, la part qui lui appartient est remboursable aux ayant droit par le pilote qui lui succède.

La valeur desdites chaloupes est en conséquence appréciée, au moment où le remplaçant entre en fonctions, par le pilote-major et deux experts choisis par les parties, et, si le remplaçant ne peut s'acquitter immédiatement, il lui est fait par le pilote-major une retenue de 10 p. 0/0 sur tous ses gains jusqu'à parfait paiement de la somme due.

Si le nombre des pilotes est augmenté, chaque pilote entrant tient compte à la masse ou aux propriétaires de la chaloupe de la part à laquelle il a droit, soit dans la propriété totale des chaloupes et embarcations de la station, soit dans la propriété partielle de la chaloupe qu'il monte.

ART. 36. — Le nombre des chaloupes et embarcations déterminé pour chaque station peut être augmenté sur la simple autorisation du directeur des mouvements du port; ce nombre ne peut-être diminué que par ordre du chef du service de la marine à Nantes.

Le directeur du port nomme les garçons de chaloupe en les choisissant sur la liste tenue par les pilotes-majors des jeunes gens qui, préalablement admis par le directeur, se destinent au pilotage.

Le pilote-major nomme les mousses des chaloupes.

La répartition des pilotes dans les chaloupes est confiée au pilote-major, sous l'autorisation du directeur des mouvements du port.

ART. 37. — Les bâtiments remorqués dans le sous-arrondissement de Nantes ne payent que les trois quarts du pilotage.

Les allèges et les bâtiments dits *remorqueurs*, depuis Nantes jusqu'à une ligne tirée du Croisic au Pilier en passant par le Four et *vice versa*, sont exempts de l'obligation de prendre un pilote. Le bâtiment remorqué reste soumis à cette obligation.

ART. 38. — Les bâtiments à vapeur non pourvus de leur moteur, ou dont le moteur ne fonctionne pas, sont considérés comme bâtiments à voiles et payent d'après leur jauge augmentée de 40 p. 0/0 à l'infini.

ART. 39. — Tout capitaine a droit de requérir non-seulement la chaloupe de son pilote, mais encore celles des autres pilotes, et il paye par journée :

Pour chaque chaloupe....................... 5ᶠ
Pour chaque matelot ou garçon de chaloupe. 3
Pour chaque novice ou mousse............. 1
Pour chaque pilote....................... 5

Les mêmes prix sont payés quand la chaloupe n'est employée qu'une marée.

Ils sont augmentés de moitié si la chaloupe est employée pendant la nuit seulement, et doublés si elle reste en réquisition pendant vingt-quatre heures.

Art. 40. — Le pilote est tenu de démarrer le navire à bord duquel il s'est rendu pour le piloter.

Il est également tenu d'amarrer le bâtiment qu'il vient de piloter au lieu qui lui est indiqué par le capitaine de port.

Dans les prix du pilotage déterminés par les tarifs est compris celui du démarrage et de l'amarrage du navire.

Art. 41. — Le plus grand tirant d'eau marqué à l'arrière ou à l'avant est l'expression de celui qui doit être pris pour base du payement du pilotage.

Les salaires des pilotes sont réglés de 0^m, 20^c en 0^m, 20^c du tirant d'eau.

Si la ligne tombe entre deux divisions du tarif, on prend pour base du payement la division immédiatement supérieure.

Enfin, si la division la plus élevée de l'échelle est submergée, on mesure avec un mètre la distance qui sépare cette division de la ligne d'eau, on ajoute cette distance à la hauteur totale de l'échelle, et la somme trouvée est le tirant d'eau du navire.

Dans tous les cas où les divisions marquées sur l'étrave ou l'étambot le sont en pied, chaque pied est considéré comme valant 0^m, 33. Les payements sont calculés d'après cette base, sans que les capitaines qui se trouvent en contravention par le fait puissent réclamer contre cette manière d'établir le tirant d'eau de leurs navires.

Les mesures étrangères sont converties en mètres.

DISPOSITIONS COMMUNES AUX DIVERSES STATIONS DU SERVICE EXTÉRIEUR DE LA LOIRE.

Art. 42. — Le pilotage de l'extérieur de la Loire est exécuté par les pilotes-lamaneurs et aspirants pilotes des stations suivantes :

STATIONS.		PILOTES.	ASPI-RANTS piloles	TOTAL.
Saint-Nazaire		24	6	30
Belle-Ile		20	5	25
Le Croisic		6	2	8
Le Pouliguen		1	1	2
Baie de Bourgneuf	La Bernerie	2	1	4
	Pornic	1	»	
La Vilaine	Tréhiguier	2	1	5
	Redon	2	»	
TOTAUX		58	16	74

Art. 43. — Chacune de ces stations a les limites suivantes :

La station de Saint-Nazaire a pour limites, du côté du large, la ligne partant de Pénerf, passant par le Four, la Banche et aboutissant au Pilier, et Paimbœuf du côté de la terre ;

Celle de Belle-Ile, une ligne à deux milles de distance autour de l'île ;

Celle du Croisic part de la pointe de Piriac à l'île Dumet, au Four, pour revenir au Croisic ;

Celle de Pouliguen, de Pierre-Percée à la Banche et au Croisic ;

Celle de Bourgneuf, de la pointe de Saint-Gildas au Pilier et à Noirmoutier ;

Celle de Tréhiguier, de la Roche-Bernard à la ligne passant par la pointe de Piriac à l'île Dumet et aboutissant à Pénerf ;

Celle de Redon, de Redon à la Roche-Bernard.

Art. 44. — Les examens pour l'admission des pilotes ont lieu, à Nantes, pour les stations de Saint-Nazaire, Belle-Ile, le Croisic, la baie de Bourgneuf, de Pouliguen et la Vilaine.

Les candidats aux emplois de pilotes et d'aspirants pilotes de la station de Belle-Ile ne sont admis à subir ces examens que s'ils présentent un certificat constatant qu'ils ont déjà subi, à Lorient, avec succès, un examen sur le pilotage autre que celui de l'entrée de la Loire.

Art. 45. — Les capitaines de navires de 80 tonneaux de jauge légale et au-dessus, et les capitaines de navires dont le tirant d'eau est de 3 m. 30 cent. et au-dessus, quel qu'en soit le tonnage, sont tenus de prendre un pilote dans la première chaloupe qui se présente et à quelque distance qu'ils rencontrent cette chaloupe, pour entrer en Loire jusqu'à Paimbœuf.

Les capitaines sont soumis à la même obligation pour sortir de la Loire à partir de Paimbœuf.

Les navires de moins de 80 tonneaux, mais dont le tirant d'eau est de 3 m. 30 cent. et au-dessus, ne payent le pilote à l'entrée qu'à partir du Four ou du Pilier, et, à la sortie, que jusqu'à ces mêmes points, quelle que soit la distance à laquelle le pilote est monté à bord.

Art. 46. — Les capitaines sont tenus de prendre les pilotes pour les changements de place à Paimbœuf et sur les rades et ports des stations ci-dessus, lorsque leurs navires sont de 80 tonneaux et au-dessus et qu'ils parcourent au moins une encâblure. Ces mouvements sont exécutés à Paimbœuf exclusivement par les pilotes des Quatre-Amarres.

Ces mouvements seront payés à Paimbœuf et sur les rades et ports comme suit :

Navires de 150 tonneaux et au-dessous....   10^f

—	de 151 à 300 tonneaux............	15
—	de 301 à 450 tonneaux............	20
—	de 451 à 600 tonneaux............	25
—	de 601 à 750 tonneaux............	30
—	de 751 à 900 tonneaux............	35

Et ainsi de suite, en augmentant de 5 francs par 150 tonneaux.

Si le pilote est demandé pour un mouvement de moins d'une encâblure, il est payé suivant le tarif ci-dessus.

Lorsqu'un navire doit se mettre, à Paimbœuf, sur les vases ou aux quatre-Amarres, le capitaine est tenu d'employer, pour cette opération, les pilotes des Quatre-Amarres. Il en est de même pour les navires qui doivent quitter les Quatre-Amarres ou les vases.

Les autres pilotes ne sont pas tenus de faire ces opérations, à moins qu'ils n'en soient requis par l'aide-pilote-major.

Les bâtiments à vapeur dont l'appareil ne fonctionne pas payent les changements de place comme bâtiments à voiles, et, dans le règlement du prix du pilotage, on prend pour jauge celle du navire augmentée de 40 p. 0/0 à l'infini.

ART. 47. — Les pilotes des stations de Saint-Nazaire, Belle-Ile, du Croisic et du Pouliguen, sont tous confondus pour le service de l'entrée des navires en Loire. Ils ont des droits égaux. Ils doivent aller au-devant des navires en aussi grand nombre et aussi loin qu'ils le peuvent.

L'article 22 n'est pas applicable au pilotage de l'entrée de la Loire ; par conséquent, les pilotes peuvent relâcher et établir des vigies à terre partout où ils le jugent utile.

Le pilote qui est monté le premier à bord d'un navire doit, en exécution de l'article 21 du décret du 12 décembre 1806, faire amener le pavillon, et il conserve la conduite jusqu'à Saint-Nazaire.

Outre les pilotes des stations ci-dessus désignées, ceux de l'Herbaudière (île de Noirmoutier) peuvent concourir, à partir du Pilier, au pilotage de l'entrée de la Loire des bâtiments qui se présentent par la passe du Sud. A partir du Pilier, ils sont payés, comme les pilotes du 3ᵉ arrondissement, aux prix des tarifs annexés au présent règlement. Ces pilotes ne peuvent être démontés que du consentement du capitaine. Dans ce cas, ils doivent, sur sa demande, faire hisser le signal d'appel. Ils touchent alors le pilotage du chemin parcouru et 6 francs par jour, à partir du lendemain du jour où ils sont démontés jusqu'à celui inclusivement de leur débarquement. Toute journée commencée est entièrement acquise.

ART. 48. — Tout pilote de Belle-Ile, de l'Herbaudière, du Croisic et du Pouliguen, qui, après avoir piloté un navire, est mis à terre à Saint-Nazaire, a droit pour retourner au chef-lieu de sa station, aux indemnités suivantes :

> Pour le pilote de Belle-Ile.................... 10ᶠ
> Pour celui de l'Herbaudière............... 9
> Pour ceux du Croisic et du Pouliguen..... 3

Réciproquement, les mêmes indemnités son dues au pilote de Saint-Nazaire déposé à Belle-Ile, à l'Herbaudière, au Croisic et au Pouliguen. S'il est déposé à l'île d'Yveu, il a le droit à une indemnité de 15 francs.

Tout pilote de Belle-Ile ou de l'Herbaudière qui est déposé au Croisic ou au Pouliguen a droit aux indemnités suivantes :

> Pour le pilote de Belle-Ile............... 9ᶠ
> Pour celui de l'Herbaudière.............. 8

Réciproquement, les mêmes indemnités sont dues au pilote du Croisic ou du Pouliguen déposé à Belle-Ile ou à l'Herbaudière.

L'indemnité de 10 francs due au pilote débarqué à Saint-Nazaire, ayant été comprise dans les prix portés au tableau n° 2, n'est pas payée par le navire; mais par la caisse de réserve et par les soins des pilotes-majors. Les autres conduites sont payées par le navire.

ART. 49. — Les pilotes des stations de Saint-Nazaire, de Belle-Ile et du Croisic, sont tenus d'avoir, pour le service du pilotage, des chaloupes qui ne pourront jauger légalement moins de douze tonneaux.

Les chaloupes anciennes et au-dessous de ce tonnage légal ne seront pas refondues; lorsqu'elles seront reconnues hors de service, elles seront remplacées par des chaloupes neuves au tonnage indiqué.

ART. 50. — Toute association entre deux ou plusieurs chaloupes est formellement défendue, sous peine d'interdiction ou même de révocation, aux pilotes des stations de Saint-Nazaire, Belle-Ile et du Croisic.

Ces pilotes peuvent s'associer au nombre de quatre au plus par chaloupe.

Il est expressément défendu aux pilotes-majors d'avoir un intérêt quelconque dans les chaloupes.

ART. 51. — Les salaires pour l'entrée de la Loire sont réglés conformément aux tableaux n°ˢ 1 et 2.

ART. 52. — La direction de tout le service du pilotage

de l'extérieur de la Loire est confiée, sous les ordres du directeur des mouvements du port, à un pilote-major résidant à Saint-Nazaire, et à deux aides-pilotes-majors placés immédiatement sous ses ordres, l'un à Belle-Ile et l'autre à Paimbœuf.

Les pilotes de Saint-Nazaire, de Belle-Ile, du Croisic, du Pouliguen et, en général, de toutes autres stations, doivent obéissance au pilote-major et aux deux aides-pilotes-majors, lorsqu'ils se trouvent dans les stations de ces chefs de pilotage.

Le pilote-major de Saint-Nazaire et les deux aides-pilotes-majors sont nommés par le chef du service de la marine à Nantes, sur la proposition du directeur des mouvements du port, après avoir pris avis de la chambre du commerce.

La nomination de l'aide-pilote-major de Belle-Ile est soumise à l'approbation du préfet du 3ᵉ arrondissement maritime.

STATION DE SAINT-NAZAIRE.

Art. 53. — Les pilotes de cette station sont tenus d'avoir six chaloupes au moins, toujours à flot, affectées au service du pilotage.

Une croise de la Banche au Pilier;

Une croise de la Banche au Four;

Une est affectée à recevoir les pilotes, aspirants pilotes et pratiques qui sortent les navires;

Une est affectée au service entre Saint-Nazaire et Paimbœuf;

Deux au moins doivent aller à Belle-Ile au-devant des navires.

Les pilotes de Saint-Nazaire sont tenus d'avoir une embarcation à Saint-Nazaire et une autre à Paimbœuf destinées à les mettre à bord des bâtiments en rade et à aller au secours des navires en danger.

Art. 54. — Les pilotes de Saint-Nazaire ont seuls la sortie des navires.

Deux pilotes au moins et, sur l'ordre du pilote-major, un plus grand nombre, s'il est besoin, doivent rester en permanence, de nuit comme de jour, à Paimbœuf, pour le service de la sortie dont la direction est confiée à l'aide-pilote-major.

Art. 55. — Le pilote de tour de Saint-Nazaire qui appareille un bâtiment ne peut le quitter que lorsqu'il a dépassé la ligne tirée du Four au Pilier.

Le capitaine ne doit pas renvoyer le pilote avant que le navire ait atteint cette limite.

Art. 56. — Les prix du pilotage pour la sortie de la Loire sont réglés conformément aux tableaux n°⁵ 1 et 2.

Service du bassin à flot.

Art. 57. — Le service du bassin à flot de Saint-Nazaire, tant à l'intérieur qu'à l'entrée et à la sortie, demeure soumis aux règlements de police et de halage arrêtés par le ministre des travaux publics.

Ces règlements cessent d'être en vigueur en dehors de la ligne partant de l'extrémité de la jetée nord, passant par la bouée de la Basse-Nazaire et aboutissant au musoir de l'ancien môle.

A cette ligne, le service des pilotes est terminé, et ils sont immédiatement débarqués. La conduite des navires est alors remise aux maîtres haleurs relevant directement des officiers du port.

Un exemplaire des règlements de police et de halage du port de Saint-Nazaire est délivré par l'administration des travaux publics à chaque pilote, qui doit toujours en être porteur et l'exhiber toutes les fois qu'il en est requis par un capitaine.

Art. 58. — A défaut d'ordres émanant de l'officier de port à qui appartiennent la direction et la manœuvre des navires, le pilote requis par les capitaines est tenu d'exécuter ces mouvements en faisant, sous sa propre responsabilité, les manœuvres qu'il juge convenables, tout en se conformant aux règlements de police du port.

Dans ce cas, le pilote doit, à la sortie, démarrer le navire du quai, et, à l'entrée, ne le quitter qu'après en avoir exécuté l'amarrage.

Art. 59. — Il est payé aux pilotes un changement de place pour l'entrée et la sortie du bassin, suivant le tarif porté à l'article 46.

Art. 60. — Le pilote désigné par le bureau du pilotage pour un navire qui doit prendre le large dès sa sortie du bassin, sera rendu à bord avant le démarrage du bâtiment.

Il ne devra s'y rendre qu'en rade si le navire ne fait pas route dès sa sortie.

STATION DE BELLE-ILE EN CE QUI CONCERNE LE SERVICE DU PILOTAGE DE LA LOIRE.

Art. 61. — L'aide-pilote-major réside à Goulfar. Il est chargé, sous les ordres du pilote-major de Saint-Nazaire, de la direction et de la surveillance du pilotage de l'entrée de la Loire, des stations de Belle-Ile et des pilotes des autres stations en service à Belle-Ile.

La répartition des pilotes de cette station sur les divers points de l'île est faite, sur la proposition du pilote-major, par le directeur des mouvements du port, sur l'autorisation du chef du service de la marine à Nantes.

Art. 62. — Les pilotes de Belle-Ile sont tenus d'avoir au moins cinq chaloupes en bon état, toujours à flot autant que possible, et exclusivement employées au service du pilotage.

Deux de ces chaloupes au moins sont toujours à la mer et croisent au large de Belle-Ile.

Le service est fait à tour de rôle par toutes les chaloupes, et celles qui ne sont pas de tour se tiennent aux ordres du pilote-major.

En outre, les quatre baleinières données aux pilotes de Belle-Ile par la chambre de commerce de Nantes restent à Sauzon, Goulfar, Locmaria et au Palais, pour porter les pilotes à bord des bâtiments, lorsque, par force majeure, les chaloupes en relâche dans ces localités ne peuvent en sortir.

Les frais d'entretien de ces baleinières et leur remplacement sont à la charge de tous les pilotes de Belle-Ile.

STATION DU CROISIC.

Art. 63. — Les pilotes du Croisic ont seuls l'entrée et la sortie de ce port.

Les pilotes de Saint-Nazaire, de Belle-Ile et du Pouliguen, qui montent avant tout autre un navire destiné au Croisic, en conservent la conduite jusqu'à ce port, si, dans le trajet, ils ne sont pas démontés et relevés par un pilote de cette localité.

Les pilotes du Croisic sont toujours reçus à bord des navires en destination de ce port, quel que soit le point où ils se présentent; mais, s'ils se présentent avant que le navire soit arrivé au nord du Four, la conduite du bâtiment ne leur est remise qu'à partir de ce point. Le pilote démonté est payé jusqu'à ce même point, qui est constaté par un relèvement fait de concert entre le capitaine et les deux pilotes.

Les pilotes du Croisic sont tenus d'avoir au moins deux chaloupes du tonnage légal de douze tonneaux.

Art. 64. — Pour tous les bâtiments astreints au pilotage, le prix du pilotage du Four au Croisic, et réciproquement, est fixé à 7 fr. 50 cent. par mètre de calaison.

Ce prix est de 9 fr. 25 cent. par mètre pour le pilotage d'Hœdic ou du Morbihan au Croisic, et réciproquement.

Les bâtiments exemptés du pilotage, dont les capitaines demandent un pilote, le paient sur le même pied.

Art. 65. — Tout bâtiment astreint au pilotage, venant du large sans pilote à bord ou mouillé sur rade, est tenu de prendre un pilote pour entrer dans le port du Croisic ou pour en sortir, si son tirant d'eau est de 2^m,60 et au-dessus.

La rétribution à payer au pilote est de 2 fr. 50 cent. par mètre.

Tout bâtiment exempté du pilotage, dont le capitaine demande un pilote, le paie sur le même pied.

Art. 66. — Les pilotes du Pouliguen ont seuls l'entrée et la sortie de ce port.

Pour les bâtiments astreints au pilotage, le prix du pilotage du Four au Pouliguen, et réciproquement, est fixé à 8 francs par mètre de calaison.

Ce prix est de 10 francs pour le pilotage d'Hœdic ou du Morbihan au Pouliguen, et réciproquement.

Les bâtiments exemptés du pilotage, dont les capitaines demandent un pilote, le paient sur le même pied.

Art. 67. — Tout bâtiment astreint au pilotage, venant du large sans pilote à bord ou mouillé sur rade, est tenu de prendre un pilote pour entrer dans le port ou pour en sortir, si son tirant d'eau est de 2^m,30 et au-dessus.

La rétribution à payer au pilote est de 2 francs par mètre.

Tout bâtiment exempté du pilotage, dont le capitaine demande un pilote, le paie sur le même pied.

STATION DE LA BAIE DE BOURGNEUF.

Art. 68. — Les pilotes de la Bernerie et de Pornic ont seuls l'entrée et la sortie de la baie de Bourgneuf et de tous les ports compris dans cette baie.

Le pilotage de la baie de Bourgneuf est payé conformément au tableau n° 8.

Art. 69. — Tout bâtiment astreint au pilotage, venant du large sans pilote à bord ou mouillé sur l'une des rades de la baie, est tenu de prendre un pilote pour entrer dans les ports de Pornic, Bouin et Bourgneuf, ou pour en sortir.

La rétribution à payer au pilote est de 3 francs par mètre de tirant d'eau.

Tout bâtiment exempté du pilotage, dont le capitaine demande un pilote, le paie de même 3 francs par mètre.

PILOTAGE DE LA VILAINE.

STATIONS DE TRÉHIGUIER ET DE REDON.

Art. 70. — Les pilotes de Tréhiguier ont seuls l'entrée et la sortie de la Vilaine.

A défaut, les pilotes de Pénerf ou des autres stations peuvent conduire les navires dans la Vilaine, si, dans le trajet, ils ne sont pas relevés par les pilotes de Tréhiguier.

Ces derniers sont toujours reçus, quel que soit le point où ils se présentent.

S'ils se présentent avant l'île Dumet et qu'il y ait à bord un pilote d'une autre station, on ne leur remet la conduite du navire qu'à partir de ce point.

Si les pilotes de Tréhiguier se présentent après que le navire a dépassé l'île Dumet, la conduite leur en est immédiatement remise. Mais ils ne sont payés qu'à partir du point où ils sont montés à bord, et le pilote démonté est payé jusqu'à ce point, qui est constaté par un relèvement fait de concert entre le capitaine et les deux pilotes.

ART. 71. — Les pilotes de Tréhiguier ont seuls la conduite des navires jusqu'à la Roche-Bernard.

ART. 72. — Les pilotes de la station de Redon ont seuls la conduite des navires entre Redon et la Roche-Bernard.

A défaut, les pilotes de Tréhiguier peuvent conduire les bâtiments jusqu'à Redon, mais ils doivent remettre la conduite des navires aux pilotes de cette dernière station dès qu'ils se présentent en-deçà de la Roche-Bernard.

Les paiements ont lieu pour chaque pilote en raison de la distance parcourue par chacun d'eux.

ART. 73. — Les bâtiments, quel que soit leur tonnage, d'un tirant d'eau de $2^m,60$ et au-dessus, sont tenus de prendre un pilote de la Vilaine, tant pour monter que pour descendre entre l'embouchure de la Vilaine et Redon.

L'embouchure de la Vilaine est déterminée par une ligne allant de Kervoquel à la pointe du Halguen.

ART. 74. — Les pilotes de la Vilaine sont payés conformément aux tableaux nᵒˢ 5. 6 et 7,

PILOTAGE INTÉRIEUR DE LA LOIRE.

STATION DE BASSE-INDRE.

Art. 75. — La station de l'intérieur de la Loire s'étend de Nantes à Paimbœuf.

Son chef-lieu est la Basse-Indre.

Les capitaines de navires descendant ou remontant le fleuve, entre Paimbœuf et Saint-Nazaire, ont le droit de garder ou de prendre un pilote de l'intérieur sans qu'il puisse être démonté.

Art. 76. — La direction du pilotage à l'intérieur est confiée, sous l'autorité du directeur des mouvements du port à Nantes, à un pilote-major résidant à la Basse-Indre, et, sous ses ordres, à un aide-pilote-major établi à Nantes. L'aide-pilote-major résidant à Paimbœuf pour le service extérieur est subordonné au pilote-major de l'intérieur en ce qui concerne ce dernier service.

Le pilote-major de la Basse-Indre, l'aide-pilote-major de Nantes sont nommés par le chef de service de la marine à Nantes, sur la proposition du directeur des mouvements du port, et de l'avis de la chambre de commerce.

Art. 77. — L'aide-pilote-major de Paimbœuf est chargé, sous les ordres des pilotes-majors de Saint-Nazaire et de la Basse-Indre, de la direction et de la surveillance des pilotes détachés à Paimbœuf et des pilotes des Quatre-Amarres.

Il rend compte journellement à ses chefs des besoins de la rade.

Il est tenu d'avoir, au moyen de l'allocation qui lui est accordée par l'article 90, sur le quai et à proximité du port, un bureau qui sera appelé : *bureau du pilotage*, et un poste pour les pilotes. L'installation et les frais de toutes sortes de ce poste sont, sous l'approbation du directeur des mouvements du port, ordonnés par le pilote-major, aux frais communs de tous les pilotes de l'intérieur et de Saint-Nazaire. Le directeur des mouvements du port peut autoriser les pilotes-majors à opérer une retenue de 3 p. 0/0 sur les produits de chaque pilotage, jusqu'à concurrence de la somme nécessaire à l'acquittement des frais du poste.

Le nombre des pilotes de garde est fixé par le pilote-major. Ils doivent rester en permanence dans le poste de nuit comme de jour.

Art. 78. — L'aide-pilote-major de Nantes est chargé, sous les ordres du pilote-major de la Basse-Indre, de la surveillance des pilotes détachés à Nantes.

Il est chargé de diverses opérations de pilotage dans le port, et spécialement des changements de place. Il rend compte journellement au pilote-major des besoins du port.

Il lui est fourni un bureau dont il a l'entretien.

Un poste de pilotes, dont le nombre est fixé par le directeur des mouvements du port, est établi à Nantes. Le loyer est à la charge de la caisse de réserve. Les pilotes doivent y rester en permanence, de jour comme de nuit, jusqu'à ce qu'ils soient relevés.

L'aide-pilote-major est le chef de ce poste.

L'installation et les frais de toutes sortes du poste sont ordonnés, sous la surveillance du pilote-major et l'approbation du directeur des mouvements du port, par l'aide-pilote-major, aux frais communs de tous les pilotes de l'intérieur.

Comme il a été dit à l'article précédent, une retenue de 3 0/0 peut être opérée pour l'acquittement de ces frais.

Art. 79. — Le nombre des pilotes de l'intérieur est fixé à 50 ; celui des aspirants à 13.

Ils peuvent établir leur domicile sur les deux rives du fleuve, depuis Nantes jusqu'à Paimbœuf, où deux d'entre eux doivent résider pour le service des Quatre-Amarres.

Art. 80. — Il est envoyé de la Basse-Indre des détachements de pilotes à Nantes et à Paimbœuf pour assurer le service des bâtiments remontant ou descendant la Loire.

Art. 81. — Les pilotes de l'intérieur sont tenus d'avoir une embarcation à Paimbœuf pour les mettre à bord des navires. Cette embarcation est toujours à flot et prête à porter les pilotes de tour.

Art. 82. — Les bâtiments de 80 tonneaux de jauge légale et au-dessus, et ceux, quel que soit leur tonnage, dont le tirant d'eau est de 2^m,30 et au-dessus, sont assujettis à l'obligation de prendre un pilote de l'intérieur en montant ou descendant le fleuve entre Nantes et Paimbœuf.

Le prix de pilotage est réglé comme suit :

1° D'après le tableau n° 3 pour les bâtiments de moins de 80 tonneaux faisant le cabotage et dont le tirant d'eau est de 2^m,30 à 3^m,60.

2° D'après le tableau n° 4 pour les navires de 80 tonneaux de jauge et au-dessus.

Par exception, les bâtiments caboteurs de 80 tonneaux et au-dessus, lorsqu'ils sont sur lest, paient les deux tiers du pilotage d'après le tarif n° 4.

Sont considérés comme sur lest les navires n'ayant en marchandises qu'un nombre de tonneaux égal au plus au dixième de leur jauge légale.

Les alléges et les bâtiments dits *remorqueurs*, depuis Nantes jusqu'à Paimbœuf et Saint-Nazaire, et réciproquement, sont exempts du pilotage, quelle que soit leur capacité ou leur tirant d'eau.

Art. 83. — Tout pilote désigné pour conduire un navire qui ne part pas immédiatement est payé par journées à raison de 6 francs jusqu'au jour de l'appareillage exclusivement.

Si, après trois jours révolus, par une circonstance étrangère au pilote, le bâtiment ne part pas, ledit pilote est libre et reçoit pour indemnité le quart du pilotage auquel il aurait eu droit, indépendamment de ses journées et de ses rations.

Dans cette circonstance, le capitaine, ne pouvant jamais quitter son mouillage sans pilote, est tenu d'en faire désigner un. S'il part sans pilote, il paie le pilotage au lamaneur de tour, comme s'il avait été piloté.

Si, une fois le navire mouillé à sa destination, le pilote est conservé a bord, il lui est payé ses journées à raison de 6 francs à partir du lendemain du mouillage et pendant tout le temps qu'il reste à la disposition du navire.

Art. 84. — Les capitaines des bâtiments remontant

ou descendant la Loire sont libres de renvoyer leur pilote, si, par un motif quelconque, ils se trouvent arrêtés dans leur marche.

Dans ce cas, ils sont tenus de payer le pilotage jusqu'au point où le navire a été conduit.

Mais, si les capitaines exigent que le pilote reste à leur disposition pour le moment où ils reprendront leur route, ils doivent payer audit pilote 6 francs par jour.

Toutefois, au moment du départ, les capitaines sont tenus d'avoir un pilote à leur bord, faute de quoi ils paient le pilotage comme s'ils eussent eu le pilote de tour.

ART. 85. — Le lamaneur qui, pilotant un navire, emploie plus de six jours de Nantes à Paimbœuf, plus de trois de Nantes au Pellerin, plus de trois du Pellerin à Paimbœuf, plus de quatre de la Basse-Indre à Paimbœuf, et *vice versa*, est payé à raison de 5 francs par jour excédant le terme déterminé par cet article, et de 6 francs par jour si le retard a lieu du fait du capitaine.

Le pilote n'a pas droit a l'indemnité si le nombre des jours précisé ci-dessus n'a pas été dépassé, lors même que le navire a fait escale pour charger des marchandises, mais, dans ce cas, le pilotage est compté par escale.

Le nombre des jours compte du moment où le navire appareille et prend fin le jour de son mouillage à sa destination.

ART. 86. — Le tirant d'eau maximum des bâtiments qui peuvent descendre ou remonter la Loire est signalé au bureau des mouvements du port, pendant les deux jours qui précèdent et les trois jours qui suivent celui de la nouvelle et pleine lune.

ART. 87. — Lorsque le navire, pour monter ou descendre le fleuve, exige un appareil de tonnes, barges ou pontons, le lamaneur a droit, outre le prix du pilotage, à une indemnité de moitié en sus.

ART. 88. — Les capitaines sont tenus de prendre les pilotes pour les changements de place dans le port de Nantes et pour les rades de l'intérieur, lorsque leurs navires sont de 80 tonneaux et au-dessus, et qu'ils parcourent au moins une encâblure.

Ces mouvements sont payés comme suit :

Navires de 150 tonneaux et au-dessous...	6ᶠ
— de 151 à 300 tonneaux...	9
— de 301 à 450 tonneaux...	12
— de 451 à 600 tonneaux...	15
— de 601 à 750 tonneaux...	18
— de 751 à 900 tonneaux...	21
— de 901 tonneaux et au-dessus...	24

Si le pilote est demandé pour un mouvement de moins d'une encâblure, il est payé suivant le tarif ci-dessus.

CAISSE DE RÉSERVE.

Art. 89. — Une retenue de 10 p. 0/0 est opérée par les pilotes-majors et aides-pilotes-majors de Saint-Nazaire et de la Basse-Indre sur toute somme perçue par les pilotes, aspirants pilotes et pratiques, autres que les frais de conduite et l'indemnité de la ration.

Après avoir opéré cette retenue, il est prélevé par le pilote-major, sur tous les pilotages faits en entrant un navire en Loire, 1 franc pour chaque distance parcourue, afin de pourvoir au paiement des indemnités indiquées à l'article 48.

Ces retenues sont remises directement par les pilotes. Elle ne sont applicables aux pilotes de Belle-Ile, du Croisic, du Pouliguen, de la baie de Bourgneuf et de la Vilaine, que lorsqu'ils entrent des navires en Loire.

Elles sont destinées à alimenter une caisse de réserve ayant pour but de subvenir aux dépenses suivantes :

Honoraires des agents ;

Achat et entretien du matériel ;

Loyers des postes des pilotes ;

Gratifications accordées aux pilotes ayant montré le plus de zèle ou blessés dans l'exercice de leurs fonctions ;

Secours aux familles de ceux qui auront péri dans les mêmes circonstances, et, en général, tous frais quelconques destinés à l'amélioration du personnel et du matériel ;

Retraite, s'il y a lieu.

Les gratifications, secours et dépenses de toutes sortes sont accordés par le chef du service de la marine à Nantes, sur la propostion du directeur des mouvements du port et l'avis de la chambre de commerce.

Les pilotes-majors versent tous les mois, sur le visa du directeur des mouvements du port, le montant des retenues dans la caisse.

La chambre de commerce a la gestion de la caisse de réserve, et le président de cette chambre ordonne les recettes et le paiement de toutes les dépenses.

Un conseil de surveillance composé de trois membres de la chambre de commerce auxquels s'adjoignent le commissaire de l'inscription maritime et le directeur des mouvements du port à Nantes, ou, à défaut de ce dernier, un des pilotes-majors, se réunit au moins tous les trois mois pour examiner et arrêter les comptes des dépenses et des recettes faites pendant le trimestre précédent.

Art. 90. — Sur le montant des retenues mentionnées en l'article précédent, il est prélevé mensuellement;

Par le pilote-major de Saint-Nazaire :

1° 3 p. 0/0 pour ses honoraires:

2° 1 et demi p. 0/0 pour ceux de l'aide-pilote-major de Belle-Ile;

(*Nota.* L'article 18 du règlement reste applicable à ce dernier chef de pilotage en tout ce qui ne concerne pas le pilotage de la Loire)

3° 1 p. 0/0 pour les honoraires de l'aide-pilote-major de Paimbœuf.

Par le pilote-major de la Basse-Indre :

1° 3 p. 0/0 pour ses honoraires;

2° 1 et demi p. 0/0 pour ceux de l'aide-pilote-major de Nantes;

3° 1 p. 0/0 pour ceux de l'aide-pilote-major de Paimbœuf.

Il est accordé en outre à ce dernier, à titre d'indemnité, pour le loyer du bureau et du poste établi à Paimbœuf, une somme de 300 francs par an, payable par semestre et à terme échu.

Cette indemnité lui est payée sur le visa du directeur du port, qui constate préalablement que le bureau et le poste sont en bon état.

Le poste des pilotes à Nantes est choisi par le chef du service de la marine à Nantes, sur la proposition du directeur du port et l'avis de la chambre de commerce. Le loyer de ce poste est payé directement par la caisse de réserve.

DE LA LEVÉE, DE L'EMBARQUEMENT ET DU TRANSPORT DES CABLES ET DES ANCRES.

ART. 91. — Le salaire des bargers ou chaloupiers qui sont employés à la levée ou au transport des câbles et des ancres est déterminé par les tableaux n⁰ˢ 9 et 10.

La distance entre Paimbœuf et les Charpentiers, n'offrant que quatre points d'ancrage pour les grands navires, est divisée en quatre stations limitées par ces différents mouillages.

La première est fixée à l'île Saint-Nicolas;

La deuxième, à la rade de Mindin ou de Sᵗ-Nazaire;

La troisième, à la Bonne-Anse;

La quatrième, à la rade des Charpentiers, et réciproquement de cette rade à celle de Paimbœuf.

ART. 91 A. — D'après les prix fixés par les tarifs, les bargers ou patrons de chaloupe chargés de la levée, de l'embarquement ou du transport d'un câble, d'une chaîne ou d'une ancre, sont tenus de payer de leurs deniers le loyer des embarcations et journées de marins employés à l'opération pour laquelle ils ont été requis, quelle qu'en soit la durée.

ART. 91 B. — Il est accordé le même prix pour embarquer un câble de 200 mètres et au-dessus que pour lever une ancre d'un poids correspondant au diamètre du câble; mais, si le câble n'est pas de 200 mètres, la réduction a lieu dans les proportions suivantes:

De 200 à 133 mètres, on paie les trois quarts de la somme portée au tarif;

De 133 mètres et au-dessous, on paie les deux tiers.

Les chaînes sont assimilées aux câbles dans le rapport de un à quatre entre les diamètres.

Toutes les fois qu'une chaloupe de Saint-Nazaire est requise de porter de ce lieu en Bonne-Anse, ou aux Charpentiers, une ancre ou un câble, ou l'un et l'autre à la fois, il lui est alloué moitié en sus des prix fixés tableaux n°⁵ 9 et 10.

Art. 91 C. — Le barger ou chaloupier qui prend à terre un câble ou une ancre, ou l'un et l'autre, pour les porter à bord d'un navire ou dans un lieu désigné, a droit à la même rétribution que s'il les prenait au fond de l'eau, soit en rade, soit aux Quatre-Amarres, les frais d'embarquement étant toujours à sa charge.

DES LOYERS DES GRANDES ET DES PETITES BARGES.

Art. 91 D. — Le loyer des grandes et des petites barges destinées à servir les bâtiments dans l'intérieur de la rivière et sur les rades de Paimbœuf et de Mindin est fixé comme suit :

La journée d'une grande barge est de vingt-quatre heures ou composée de deux marées, mais la journée commencée compte pour vingt-quatre heures.

Le patron d'une grande barge qui est requis de se rendre à bord d'un bâtiment français ou étranger assimilé, ancré sur la rade de Paimbœuf, aux Quatre-Amarres ou sur les vases, a droit à 4 francs pour la barge et à 3 francs pour chaque homme montant cette barge.

Le patron d'une petite barge employée pour un service quelconque reçoit par jour 3 francs pour la barge et 3 francs pour chaque homme montant cette barge.

Le pilote est tenu de procurer lui-même ladite barge montée d'hommes valides et entendus.

Art. 91 E. — Les bargers ont la ration de l'équipage à bord de tous les bâtiments français et autres pour lesquels ils sont requis. Si la chaudière n'est pas en activité, il est alloué à chacun d'eux une indemnité de 1 fr. 50 c. par jour pour sa nourriture.

Art. 91 F. — En cas de sinistre ou de détresse, les patrons des grandes et petites barges sont tenus de se rendre immédiatement à bord du bâtiment pour lequel ils ont été requis.

Ils mouillent leurs embarcations pendant la nuit, amarrées sur le navire ou à peu de distance, afin de pouvoir lui porter secours au besoin.

Dans aucun cas, ils ne peuvent s'éloigner sans en avoir obtenu la permission.

ART. 91 G. — Lorsque les secours offerts à un navire en détresse ont été acceptés par celui-ci, chaque marin employé comme travailleur reçoit 3 francs par jour et la nourriture, lors même qu'il serait congédié avant la fin du jour de son arrivée à bord.

Pour chaque petite barge, il est payé 3 francs par journée de vingt-quatre heures.

Pour chaque grande barge et chaloupe de pilote, il est payé 4 francs pour le même temps.

Les hommes qui travaillent seulement la nuit reçoivent le prix de leur journée et moitié en sus; le salaire de ceux qui ont été employés pendant le jour est doublé de celui de la journée s'ils passent la nuit.

Ces dispositions sont applicables à toutes les alléges naviguant sur la Loire, depuis son embouchure jusqu'à Nantes (de quelque forme ou capacité que puisse être l'embarcation).

Les embarcations d'un plus grand port, comme gabares, gabareaux, chaloupes de Méans et autres, sont payées en égard à leur capacité, au temps pendant lequel elles ont été employées et aux services qu'elles ont rendus. Les parties s'entendront pour l'indemnité qui devra être payée.

SERVICE DU MAT-PILOTE ÉTABLI A LA POINTE DE L'ÈVE.

ART. 91. H. — Le service du mât-pilote est fait, à tour de rôle, par deux pilotes de Saint-Nazaire n'exerçant plus, ou, à leur défaut, par tous les pilotes de cette station. Ce service n'est confié qu'à ceux sachant lire et écrire.

Le pilote de garde au mât tient un journal sur lequel il indique les signaux faits aux bâtiments.

Le pilote-major doit, au moins une fois par mois, se rendre à la pointe de l'Ève pour inspecter le matériel du mât-pilote et s'assurer que le service est bien fait. Il consigne ses observations sur le journal.

Le pilote de garde au mât doit surveiller tous les bâtiments en vue, et, s'il s'aperçoit qu'ils ont besoin de son secours, il les pilote au moyen des signaux indiqués dans l'instruction rédigée par le capitaine de corvette Fenoux, sans préjudice des droits du lamaneur qui pourrait se trouver à bord.

Le pilotage fait par le mât-pilote ne donnera lieu à aucune rétribution de la part des bâtiments pilotés.

Il est alloué, à titre d'indemnité, une somme de 1,200 francs par an, payée par trimestre, aux deux pilotes chargés du mât, ou répartie entre tous les pilotes qui ont fait le service.

Le pilote-major à Saint-Nazaire règle le rang des pilotes qui sont chargés de ce service. Lorsque le tour de l'un d'eux est arrivé, il reçoit l'ordre écrit de se rendre à la pointe de l'Eve. Cet ordre indique le jour et l'heure auxquels le pilote doit être rendu. Celui qui est remplacé doit, avant de quitter le service, inscrire sur le journal l'heure à laquelle son remplaçant est arrivé.

Tout pilote chargé du service du mât qui ne s'est pas rendu à son poste, qui l'a quitté sans avoir été remplacé par l'autre pilote, ou qui n'a pas répondu au signal d'un bâtiment, est cassé.

Le chef du service de la marine à Nantes donne les instructions de détail qu'il croit nécessaire dans l'intérêt du service.

DISPOSITION TRANSITOIRE.

Art. 91. I. — La réduction du nombre des pilotes de l'intérieur de la Loire de 56 à 50, et celle de 16 à 13 dans le nombre des aspirants-pilotes, s'opérera par voie d'extinction, en ne remplaçant qu'un pilote sur deux, et en ne remplissant pas les vacances qui surviendront parmi les aspirants pilotes, jusqu'à ce que le nombre en soit ramené à 13.

TABLEAU N° 1.

Pitotage de l'extérieur de la Loire.

De Belle-Ile.........	An nord du Four .... A la Banche .... Au Pilier	Quatre distances ou pilotages.
Du nord du Four... De la Banche .... Du Pilier...........	Aux Charpentiers. ..	Deux distances ou pilotages.
Des Charpentiers....	A la Bonne-Anse ...	Une distance ou pilotage.
De la Bonne Anse ...	A Saint-Nazaire	*Idem.*
De Saint-Nazaire.....	A Saint-Nicolas	*Idem.*
De Saint-Nicolas.....	A Paimbœuf	*Idem.*
Du Four ou de la Banche	A Pain-Château......	*Idem.*
De Pain-Château.....	Aux Charpentiers....	*Idem.*
Du Pilier	A la Lambarde	*Idem.*
De la Lambarde	Aux Charpentiers....	*Idem.*
Du Pilier	A l'île d'Yeu........	Quatre distances ou pilotages.
De Belle-Ile.........	Aux Cardinaux......	Deux distances ou pilotages.
Des Cardinaux	Au Four.......... ..	*Idem.*
De Quiberon........	A deux milles en dehors de la Teignousse...........	Une distance ou pilotage.
De la Teignousse	Au Four........... ..	Quatre distances ou pilotages.
De Quiberon........	*Idem.*	*Idem.*

NOTA. Il est accordé en sus un pilotage à tout pilote qui aura pris un navire au large de Belle-Ile à une distance au moins de 9 milles marins

Cette disposition n'est applicable qu'aux navires de 200 tonneaux et au-dessus de jauge légale.

Les divers parcours non déterminés par ce tableau sont payés, à distance égale, le même prix que les pilotages ci-dessus.

Toute portion parcourue d'une distance donne droit au payement de la distance entière.

TABLEAU N° 2.

Pilotage de l'extérieur de la Loire.

CALAISON.	Prix d'un pilotage d'une distance.		OBSERVATIONS.
	Entrée.	Sortie.	
2^m,20 et au-dessous.	8^f 20^c	4^f 70^c	Au-dessus de 5 mètres, pour l'entrée comme pour la sortie, il sera ajouté au prix du pilotage correspondant à cette calaison 1^{f}50^c pour chaque 20 centim. Au-dessus de 6 mètres, il sera ajouté indéfiniment au prix du pilotage correspondant à cette calaison 3^f pour chaque 20 centimètres.
2^m,40..............	8 90	5 10	
2^m,60..............	9 50	5 50	
2^m,80..............	10 20	5 90	
3^m,00..............	10 80	6 30	
3^m 20..............	11 50	6 70	
3^m,40..............	12 20	7 20	
3^m,60..............	13 »	7 80	
3^m,80..............	13 60	8 40	
4^m,00..............	14 30	8 80	Nota. Dans les prix ci-contre sont compris les 10 p. °/₀ payés par les navires en sus des salaires attribués aux pilotes pour les agents du pilotage et la caisse de réserve.
4^m,20.	15 00	9 40	
4^m,40.............	15 70	10 00	
4^m,60.............	16 50	10 80	
4^m,80.............	17 40	11 40	
5^m,00.............	18 »	12 »	

Tableau N° 2 bis. — Entrée de la Loire.

CALAISON.	1 DISTANCE.			2 DISTANCES.		
	Prix du pilotage.	Retenues sur le pilotage. Art. 89.	Somme nette revenant au Pilote.	Prix du pilotage.	Retenues sur le pilotage. Art. 89.	Somme nette revenant au Pilote.
2ᵐ 20ᶜ et au-dessus.	8ᶠ 20ᶜ	1ᶠ 82ᶜ	6ᶠ 38ᶜ	16ᶠ 40ᶜ	3ᶠ 64ᶜ	12ᶠ 76ᶜ
2 40	8 90	1 89	7 01	17 80	3 78	14 02
2 60	9 50	1 95	7 55	19 »	3 90	15 10
2 80	10 20	2 02	8 18	20 40	4 04	16 36
3 »	10 80	2 08	8 72	21 60	4 16	17 44
3 20	11 50	2 15	9 35	23 »	4 30	18 70
3 40	12 20	2 22	9 98	24 40	4 44	19 96
3 60	13 »	2 30	10 70	26 »	4 60	21 40
3 80	13 60	2 36	11 24	27 20	4 72	22 48
4 »	14 30	2 43	11 87	28 60	4 86	23 74
4 20	15 »	2 50	12 50	30 »	5 »	25 »
4 40	15 70	2 57	13 13	31 40	5 14	26 26
4 60	16 50	2 65	13 85	33 »	5 30	27 70
4 80	17 40	2 74	14 66	34 80	5 48	29 32
5 »	18 »	2 80	15 20	36 »	5 60	30 40
5 20	19 50	2 95	16 55	39 »	5 90	33 10
5 40	21 »	3 10	17 90	42 »	6 20	35 80
5 60	22 50	3 25	19 25	45 »	6 50	38 50
5 80	24 »	3 40	20 60	48 »	6 80	41 20
6 »	25 50	3 55	21 95	51 »	7 10	43 90
6 20	28 50	3 85	24 65	57 »	7 70	49 30
6 40	31 50	4 15	27 35	63 »	8 30	54 70

Suite du Tableau N° 2 bis. — Entrée de la Loire.

CALAISON.	3 DISTANCES.			4 DISTANCES.		
	Prix du pilotage.	Retenues sur le pilotage. Art. 89.	Somme nette revenant au Pilote.	Prix du pilotage.	Retenues sur le pilotage. Art. 89.	Somme nette revenant au Pilote.
2ᵐ 20ᶜ et au-dessus.	24ᶠ 60ᶜ	5ᶠ 46ᶜ	19ᶠ 14ᶜ	32ᶠ 80ᶜ	7ᶠ 28ᶜ	25ᶠ 52ᶜ
2 40	26 70	5 67	21 03	35 60	7 56	28 04
2 60	28 50	5 85	22 65	38 »	7 80	30 20
2 80	30 60	6 06	24 54	40 80	8 08	32 72
3 »	32 40	6 24	26 16	43 20	8 32	34 88
3 20	34 50	6 45	28 05	46 »	8 60	37 40
3 40	36 60	6 66	29 94	48 80	8 88	39 92
3 60	39 »	6 90	32 10	52 »	9 20	42 80
3 80	40 80	7 08	33 72	54 40	9 44	44 96
4 »	42 90	7 29	35 61	57 20	9 72	47 48
4 20	45 »	7 50	37 50	60 »	10 »	50 »
4 40	47 10	7 71	39 39	62 80	10 28	52 52
4 60	49 50	7 95	41 55	66 »	10 60	55 40
4 80	52 20	8 22	43 98	69 60	10 96	58 64
5 »	54 »	8 40	45 60	72 »	11 20	60 80
5 20	58 50	8 85	49 65	78 »	11 80	66 20
5 40	63 »	9 30	53 70	84 »	12 40	71 60
5 60	67 50	9 75	57 75	90 »	13 »	77 »
5 80	72 »	10 20	61 80	96 »	13 60	82 40
6 »	76 50	10 65	65 85	102 »	14 20	87 80
6 20	85 50	11 55	73 95	114 »	15 40	98 60
6 40	94 50	12 45	82 05	126 »	16 60	109 40

Suite du Tableau N° 2 bis. — Entrée de la Loire.

CALAISON.	5 DISTANCES.			6 DISTANCES.		
	Prix du pilotage.	Retenues sur le pilotage. Art. 89.	Somme nette revenant au Pilote.	Prix du pilotage.	Retenues sur le pilotage. Art. 89.	Somme nette revenant au Pilote.
2^m 20^c et au-dessus.	41^f »^{c}	9^f 10^c	31^f 90^c	49^f 20^c	10^f 92^c	38 28
2 40	44 50	9 45	35 05	53 40	11 34	42 06
2 60	47 50	9 75	37 75	57 »	11 70	45 30
2 80	51 »	10 10	40 90	61 20	12 12	49 08
3 »	54 »	10 40	43 60	64 80	12 48	52 32
3 20	57 50	10 75	46 75	69 »	12 90	56 10
3 40	61 »	11 10	49 90	73 20	13 32	59 88
3 60	65 »	11 50	53 50	78 »	13 80	64 20
3 80	68 »	11 80	56 20	81 60	14 16	67 44
4 »	71 50	12 15	59 35	85 80	14 58	71 22
4 20	75 »	12 50	62 50	90 »	15 »	75 »
4 40	78 50	12 85	65 65	94 20	15 42	78 78
4 60	82 50	13 25	69 25	99 »	15 90	83 10
4 80	87 »	13 70	73 30	104 40	16 44	87 96
5 »	90 »	14 »	76 »	108 »	16 80	91 20
5 20	97 50	14 75	82 75	117 »	17 70	99 30
5 40	105 »	15 50	89 50	126 »	18 60	107 40
5 60	112 50	16 25	96 25	135 »	19 50	115 50
5 80	120 »	17 »	103 »	144 »	20 40	123 60
6 »	127 50	17 75	109 75	153 »	21 30	131 70
6 20	142 50	19 25	123 25	171 »	23 10	147 90
6 40	157 50	20 75	136 75	189 »	24 90	164 10

Suite du Tableau N° 2 bis. — Entrée de la Loire.

CALAISON.	7 DISTANCES.			8 DISTANCES.		
	Prix du pilotage.	Retenues sur le pilotage. Art. 89.	Somme nette revenant au Pilote.	Prix du pilotage.	Retenues sur le pilotage. Art. 89	Somme nette revenant au Pilote.
2ᵐ 20ᶜ et au-dessus.	57ᶠ 40ᶜ	12ᶠ 74ᶜ	44ᶠ 66ᶜ	65ᶠ 60ᶜ	14ᶠ 56ᶜ	51ᶠ 04ᶜ
2 40	62 30	13 23	49 07	71 20	15 12	56 08
2 60	66 50	13 65	52 85	76 »	15 60	60 40
2 80	71 40	14 14	57 26	81 60	16 16	65 44
3 »	75 60	14 56	61 04	86 40	16 64	69 76
3 20	80 50	15 05	65 45	92 »	17 20	74 80
3 40	85 40	15 54	69 86	97 60	17 76	79 84
3 60	91 »	16 10	74 90	104 »	18 40	85 60
3 80	95 20	16 52	78 68	108 80	18 88	89 92
4 »	100 10	17 01	83 09	114 40	19 44	94 96
4 20	105 »	17 50	87 50	120 »	20 »	100 »
4 40	109 90	17 99	91 91	125 60	20 56	105 04
4 60	115 50	18 55	96 95	132 »	21 20	110 80
4 80	121 80	19 18	102 62	139 20	21 92	117 28
5 »	126 »	19 60	106 40	144 »	22 40	121 60
5 20	136 50	20 65	115 85	156 »	23 60	132 40
5 40	147 »	21 70	125 30	168 »	24 80	143 20
5 60	157 50	22 75	134 75	180 »	26 »	154 »
5 80	168 »	23 80	144 20	192 »	27 20	164 80
6 »	178 50	24 85	153 65	204 »	28 40	175 60
6 20	199 50	26 95	172 55	228 »	30 80	197 20
6 40	220 50	29 05	191 45	252 »	33 20	218 80

Suite du Tableau N° 2 bis. — Entrée de la Loire.

CALAISON.	9 DISTANCES.			10 DISTANCES.		
	Prix du pilotage.	Retenues sur le pilotage. Art. 89.	Somme nette revenant au Pilote.	Prix du pilotage.	Retenues sur le pilotage. Art. 89.	Somme nette revenant au Pilote.
2ᵐ 20ᶜ et au dessus.	73ᶠ 80ᶜ	16ᶠ 38ᶜ	57ᶠ 42ᶜ	82ᶠ »ᶜ	18ᶠ 20ᶜ	63ᶠ 80ᶜ
2 40	80 10	17 01	63 09	89 »	18 90	70 10
2 60	85 50	17 55	67 95	95 »	19 50	75 50
2 80	91 80	18 18	73 62	102 »	20 20	81 80
3 »	97 20	18 72	78 48	108 »	20 80	87 20
3 20	103 50	19 35	84 15	115 »	21 50	95 50
3 40	109 80	19 98	89 82	122 »	22 20	99 80
3 60	117 »	20 70	96 30	130 »	23 »	107 »
3 80	122 40	21 24	101 16	136 »	23 60	112 40
4 »	128 70	21 87	106 83	143 »	24 30	118 70
4 20	135 »	22 50	112 50	150 »	25 »	125 »
4 40	141 30	23 13	118 17	157 »	25 70	131 70
4 60	148 50	23 85	124 65	165 »	26 50	138 50
5 80	156 60	24 66	131 94	174 »	27 40	146 60
5	162 »	25 20	136 80	180 »	28 »	152 »
5 20	175 50	26 55	148 95	195 »	29 50	165 50
5 40	189 »	27 90	161 10	210 »	31 »	179 »
5 60	202 50	29 25	173 25	225 »	32 50	192 50
5 80	216 »	30 60	185 40	240 »	34 »	206 »
6 »	229 50	31 95	197 55	255 »	35 50	219 50
6 20	255 50	34 65	221 85	285 »	38 50	246 50
6 40	283 50	37 35	246 15	315 »	41 50	273 50

Suite du Tableau N° 2 bis. — Entrée de la Loire.

CALAISON.	11 DISTANCES.			CALAISON.	11 DISTANCES.		
	Prix du pilotage.	Retenues sur le pilotage. Art. 89.	Somme nette revenant au Pilote.		Prix du pilotage.	Retenues sur le pilotage. Art. 89.	Somme nette revenant au Pilote.
2^m 20^c et au-dessus.	90^f 20^c	20^f 20^c	70^f »^c	4^m 40^c et au-dessus.	172^f 70^c	28^f 27^c	144^f 43^c
2 40	97 90	20 79	77 11	4 60	181 50	29 15	152 35
2 60	104 50	21 45	83 05	4 80	191 40	30 14	161 26
2 80	115 50	22 55	92 95	5 »	198 »	30 80	167 20
3 »	118 80	22 88	95 92				
				5 20	214 50	32 45	182 05
3 20	126 50	23 65	103 85	5 40	231 »	34 10	196 90
3 40	134 20	24 42	109 78	5 60	247 50	35 75	211 75
3 60	143 »	25 30	117 70	5 80	264 »	37 40	226 60
3 80	149 60	25 96	123 64	6 »	280 50	39 05	241 45
4 »	157 30	26 73	130 57				
				6 20	313 50	42 35	271 15
4 20	165 »	27 50	137 50	6 40	346 50	45 65	300 85

Tableau N° 2 ter. — Sortie de la Loire.

CALAISON.	1 DISTANCE.			2 DISTANCES.		
	Prix du pilotage. Tab. n° 2.	Retenues sur le pilotage. Art. 89.	Somme nette revenant au Pilote.	Prix du pilotage. Tab. n° 2.	Retenues sur le pilotage Art. 89.	Somme nette revenant au Pilote.
2ᵐ 20ᶜ et au-dessus.	4ᶠ 70ᶜ	0ᶠ 47ᶜ	4ᶠ 23ᶜ	9ᶠ 40ᶜ	0ᶠ 94ᶜ	8ᶠ 46
2 40	5 10	0 51	4 59	10 20	1 02	9 18
2 60	5 50	0 55	4 95	11 »	1 10	9 90
2 80	5 90	0 59	5 31	11 80	1 18	10 62
3 »	6 30	0 63	5 67	12 60	1 26	11 34
3 20	6 70	0 67	6 03	13 40	1 34	12 06
3 40	7 20	0 72	6 48	14 40	1 44	12 96
3 60	7 80	0 78	7 02	15 60	1 56	14 04
3 80	8 40	0 84	7 56	16 80	1 68	15 12
4 »	8 80	0 88	7 92	17 60	1 76	15 84
4 20	9 40	0 94	8 46	18 80	1 88	16 92
4 40	10 »	1 »	9 »	20 »	2 »	18 »
4 60	10 80	1 08	9 72	21 60	2 16	19 44
4 80	11 40	1 14	10 26	22 80	2 28	20 52
5 »	12 »	1 20	10 80	24 »	2 40	21 60
5 20	13 50	1 35	12 15	27 »	2 70	24 30
5 40	15 »	1 50	13 50	30 »	3 »	27 »
5 60	16 50	1 65	14 85	33 »	3 30	29 70
5 80	18 »	1 80	16 20	36 »	3 60	32 40
6 »	19 50	1 95	17 55	39 »	3 90	35 10
6 20	22 50	2 25	20 25	45 »	4 50	40 50
6 40	25 50	2 55	22 95	51 »	5 10	45 90

Suite du Tableau N° 2 ter. — Sortie de la Loire.

CALAISON.	3 DISTANCES.			4 DISTANCES.		
	Prix du pilotage. Tab. n° 2.	Retenues sur le pilotage. Art. 89.	Somme nette revenant au Pilote.	Prix du pilotage. Tab. n° 2.	Retenues sur le pilotage. Art. 89.	Somme nette revenant au Pilote.
2ᵐ 20ᶜ et au-dessus.	14ᶠ 10ᶜ	1ᶠ 41ᶜ	12ᶠ 63ᶜ	18ᶠ 80ᶜ	1ᶠ 88ᶜ	16ᶠ 92ᶜ
2 40	15 30	1 53	13 77	20 40	2 04	18 36
2 60	16 50	1 65	14 85	22 »	2 20	19 80
2 80	17 70	1 77	15 93	23 60	2 36	21 24
3 »	18 90	1 89	17 01	25 20	2 52	22 68
3 20	20 10	2 10	18 09	26 80	2 68	24 12
3 40	21 60	2 16	19 44	28 80	2 88	25 92
3 60	23 40	2 34	21 06	31 20	3 12	28 08
3 80	25 20	2 52	22 68	33 60	3 36	30 24
4 »	26 40	2 64	23 76	35 20	3 52	31 68
4 20	28 20	2 80	25 38	37 60	3 76	33 84
4 40	30 »	3 »	27 »	40 »	4 »	56 »
4 60	32 40	3 24	29 16	43 20	4 32	38 88
4 80	34 20	3 42	30 78	45 60	4 56	41 04
5 »	36 »	3 60	32 40	48 »	4 80	43 20
5 20	40 50	4 05	36 45	54 »	5 40	48 60
5 40	45 »	4 50	40 50	60 »	6 »	54 »
5 60	49 50	4 95	44 55	66 »	6 60	59 40
5 80	54 »	5 40	48 60	72 »	7 20	64 80
6 »	58 50	5 85	52 65	78 »	7 80	70 20
6 20	67 50	6 75	60 75	90 »	9 »	81 »
6 40	76 50	7 65	68 85	102 »	10 20	91 80

Suite du Tableau N° 2 ter. — Sortie de la Loire.

CALAISON.	5 DISTANCES.			6 DISTANCES.		
	Prix du pilotage. Tab. n° 2.	Retenues sur le pilotage. Art. 89.	Somme nette revenant au Pilote.	Prix du pilotage. Tab. n° 2.	Retenues sur le pilotage. Art. 89.	Somme nette revenant au Pilote.
2ᵐ 20ᶜ et au-dessus.	23ᶠ 50ᶜ	2ᶠ 35ᶜ	21ᶠ 15ᶜ	28ᶠ 20ᶜ	2ᶠ 82ᶜ	25ᶠ 38ᶜ
2 40	25 50	2 55	22 95	30 60	3 06	27 54
2 60	27 50	2 75	24 75	33 »	3 30	29 70
2 80	29 50	2 95	26 55	35 40	3 54	31 86
3 »	31 50	3 15	28 35	37 80	3 78	34 02
3 20	33 50	3 35	30 25	40 20	4 02	36 18
3 40	36 »	3 60	32 40	43 20	4 32	38 88
3 60	39 »	3 90	35 10	46 80	4 68	42 12
3 80	42 »	4 20	37 80	50 40	5 04	45 36
4 »	44 »	4 40	39 60	52 80	5 28	47 52
4 20	47 »	4 70	42 30	56 40	5 64	50 76
4 40	50 »	5 »	45 »	60 »	6 »	54 »
4 60	54 »	5 40	48 60	64 80	6 48	58 32
4 80	57 »	5 70	51 30	68 40	6 84	61 56
5 »	60 »	6 »	54 »	72 »	7 20	64 80
5 20	67 50	6 75	60 75	81 »	8 10	72 90
5 40	75 »	7 50	67 50	90 »	9 »	81 »
5 60	82 50	8 25	74 25	99 »	9 90	89 10
5 80	90 »	9 »	81 »	108 »	10 80	97 20
6 »	97 50	9 75	87 75	117 »	11 70	105 30
6 20	112 50	11 25	101 25	135 »	13 50	121 50
6 40	127 50	12 75	114 75	153 »	15 30	137 70

TABLEAU N° 3.

Pilotage de l'intérieur de la Loire.

CALAISON.	DISTANCE				
	de Nantes à Paimbœuf *et vice versa.*	de Nantes à la Basse-Indre *et vice versa.*	de Nantes à Couëron et de Paimbœuf au Pellerin *et vice versa.*	de Nantes ou Pellerin et de Paimbœuf à Couëron *et vice versa.*	de Paimbœuf à la Basse-Indre *et vice versa.*
2^m,20 et au-dessous ...	16^f 20^c	6^f 30^c	8^f 10^c	9^f 90^c	11^f 70^c
2^m,40....................	18 50	7 40	9 20	11 10	12 90
2^m,60	20 70	8 60	10 40	12 10	14 60
2^m,80...................	24 40	9 80	12 20	14 60	17 »
3^m,00...................	28 40	11 80	14 20	16 60	19 »
3^m,20...................	32 80	14 »	16 40	18 80	21 30
3^m,40...................	37 60	16 90	19 20	21 70	24 »
3^m,60...................	42 80	20 30	22 60	25 10	27 40

NOTA. Dans les prix ci-contre sont compris les 5 p °⁄₀ payés par les navires en sus des salaires attribués aux pilotes pour les agents de pilotage et la caisse de réserve.

TABLEAU N° 4.

Pilotage de l'intérieur de la Loire.

TONNAGE.	de Nantes à Paimbœuf et *vice versa.*	de Nantes à la Basse-Indre et *vice versa.* de Paimbœuf à Lavaud ou à Belle-Ile et *vice versa.*	de Nantes à Couëron ou de Paimbœuf au Pellerin et *vice versa.*	de Nantes au Pellerin ou de Paimbœuf à Couëron et *vice versa.*	de Paimbœuf à la Basse-Indre et *vice versa.*
De 80 à 90 ton......	34f 40c	13f 60c	17f 20c	20f 80c	24f 50c
De 91 à 100	35 80	14 30	17 90	21 50	25 20
De 101 à 110.........	37 20	15 »	18 60	22 20	25 90
De 111 à 120.........	38 60	15 70	19 30	22 90	26 60
De 121 à 130.........	40 10	16 40	20 »	23 40	27 30
De 131 à 140.........	41 10	16 90	20 50	24 30	27 80
De 141 à 150.........	42 80	17 80	21 40	25 10	28 70
De 151 à 160	44 50	18 00	22 30	26 »	29 60
De 161 à 170.........	46 20	19 50	23 10	26 90	30 40
De 171 à 180	48 »	20 40	24 »	27 70	31 30
De 181 à 190.........	49 70	21 20	24 80	28 60	32 10
De 191 à 200	51 40	22 10	25 70	29 40	33 »
De 201 à 210	54 70	23 60	27 40	31 20	34 80
De 211 à 220.........	56 60	24 50	28 20	32 »	35 70
De 221 à 230.........	58 30	25 30	29 20	33 »	36 70
De 231 à 240.........	60 10	26 30	30 10	33 90	7 50
De 241 à 250.........	61 90	27 20	30 90	34 60	39 20
De 251 à 260.........	61 70	28 »	31 80	35 30	41 »
De 261 à 270.........	65 40	28 90	32 70	36 30	42 90
De 271 à 280.........	67 20	29 80	33 60	37 20	44 60
De 281 à 290.........	69 »	30 70	34 50	38 90	45 70
De 291 à 300.........	70 80	31 60	35 40	40 70	48 70
De 301 à 310.........	72 50	32 50	36 30	42 40	50 80
De 311 à 320.........	74 30	33 40	37 40	44 30	52 80
De 321 à 330.........	76 10	34 20	38 »	46 »	54 30
De 331 à 339........	77 90	35 10	38 90	47 80	57 »
De 340 à (A).........	89 50	39 80	44 80	53 50	62 20

NOTA Dans les prix ci-contre sont compris les 5 p. % payés par les navires en sus des salaires attribués aux pilotes pour les agents du pilotage et la caisse de réserve.

(A) De 341 tonneaux et au-dessus, on payera 25 centimes par tonneau, lesquels 25 centimes seront ajoutés aux prix fixés pour les bâtimens de 340 tonneaux

TABLEAU N° 5.

Tarif pour le pilotage intérieur de la Vilaine.

CALAISON.	DE REDON à Tréhiguier et *vice versa.*	DISTANCE			
		DE REDON A RIEUX et de Tréhiguier à la Roche-Bernard.	DE REDON au passage neuf et de Tréhiguier à Folleux.	DE REDON A FOLLEUX et de Tréhiguier au passage neuf.	DE REDON à la Roche-Bernard et de Tréhiguier à Rieux.
2ᵐ20 et au-dessous.	15ᶠ 64ᶜ	6ᶠ 09ᵉ	7ᶠ 82ᵉ	11ᶠ 27ᶜ	12ᶠ 65ᶜ
2ᵐ40	17 40	6 49	8 70	12 72	14 18
2 60	19 16	6 89	9 58	14 17	15 71
2 80	20 92	7 29	10 46	15 62	17 24
3 00	22 68	7 69	11 34	17 07	18 77
3 20	24 44	8 09	12 22	18 52	20 30
3 40	26 20	8 49	13 10	19 97	21 83
3 60	27 96	8 89	13 98	21 42	23 36
3 80	29 72	9 29	14 86	22 87	24 89
4 00	31 48	9 69	15 74	24 32	26 42
4 20	33 24	10 09	16 62	25 77	27 95

TABLEAU N° 6.

Tarif pour le pilotage intérieur de la Vilaine.

TONNAGE.	DISTANCE				
	de Redon à Tréhiguier et vice versa.	de Redon à Rieux et de Tréhiguier à la Roche-Bernard.	de Redon au passage neuf et de Tréhiguier à Folleux.	de Redon à Folleux et de Tréhiguier au passage neuf.	de Redon à la Roche-Bernard et de Tréhiguier à Rieux.
De 80 à 90ᵗ	26ᶠ 22ᶜ	8ᶠ 51ᶜ	13ᶠ 11ᶜ	20ᶠ 01ᶜ	21ᶠ 85ᶜ
90 — 100	27 60	10 35	13 80	20 70	23 00
101 — 110	28 98	11 04	14 49	21 39	24 15
111 — 120	30 36	11 73	15 18	22 08	25 30
121 — 130	31 74	12 42	15 87	22 77	26 45
131 — 140	33 12	13 11	16 56	23 46	27 60
141 — 150	34 50	13 80	17 25	24 15	28 75
151 — 160	35 88	14 49	17 94	24 84	29 90
161 — 170	37 26	15 18	18 63	25 53	31 05
171 — 180	38 64	15 87	19 32	26 22	32 20
181 — 190	40 02	16 56	20 01	26 91	33 35
191 — 200	41 40	17 25	20 70	27 60	34 50
210 — 210	42 78	17 94	21 39	28 52	35 89
211 — 220	44 16	18 63	22 08	29 44	37 26
221 — 230	45 54	19 32	22 77	30 36	38 64
231 — 240	46 92	20 01	23 46	31 28	40 02
241 — 250	48 30	20 70	24 15	32 20	41 40
251 — 260	49 68	21 39	24 84	33 12	42 55
261 — 270	51 06	22 08	25 53	34 04	43 70
271 — 280	52 44	22 77	26 22	34 96	44 85
281 — 290	53 82	23 46	26 91	35 88	46 00
291 — 300	55 20	24 15	27 60	36 80	47 15
301 — 310	56 58	24 84	28 29	37 72	48 07
311 — 320	57 96	25 53	28 98	38 64	48 99
321 — 330	59 34	26 22	29 67	39 56	49 91
331 — 340	60 72	26 91	30 36	40 48	50 83
341 — 350	62 10	27 60	31 05	41 40	51 75
351 — 360	63 48	28 29	31 74	42 32	52 44
361 — 370	64 86	28 98	32 43	43 24	53 13
371 — 380	66 24	29 67	33 12	44 16	53 82
381 — 390	67 62	30 36	33 81	45 08	54 51
391 — 399	69 00	31 05	34 50	46 00	55 20
400 (A)	82 80	36 80	41 48	48 30	72 45

(A) Au-dessus de 400 tonneaux, on payera 20 centimes par tonneau, lesquels 20 centimes seront ajoutés au prix fixé pour les bâtiments de 400 tonneaux.

TABLEAU N° 7.

Tarif pour le pilotage extérieur de la Vilaine.

CALAISON.	DISTANCES	
	DE BELLE-ILE à l'île du Met.	DE L'ILE DU MET. à Tréhiguier.
1ᵐ60ᶜ	19ᶠ89ᶜ	12ᶠ76ᶜ
1 80	22 42	14 34
2 00	24 95	15 94
2 20	27 48	17 54
2 40	30 01	19 14
2 60	32 54	20 76
2 80	35 07	22 23
3 00	37 60	23 93
3 20	40 13	25 53
3 40	42 66	27 44
3 60	45 19	29 36
3 80	47 72	31 28
4 00	50 25	33 20
4 20	52 78	35 13
4 40	55 31	37 25
4 60	57 84	39 72
4 80	60 37	42 19
5 00	62 90	44 67
5 20	65 43	47 15
5 40	67 96	49 71
5 60	70 49	52 87
5 80	73 02	56 02
6 00	75 55	58 79
6 20	78 08	62 51
6 40	80 61	66 12

TABLEAU N° 8.

—

Baie de Bourgneuf.

CALAISON.	DISTANCES					
	de PAIMBŒUF à l'entrée de la Loire.	de Sᵗ-NAZAIRE à l'entrée de la baie.	DE L'ENTRÉE de la baie ou du Pilier à Bourgneuf, Bouin, Beauvoir, ou Fromentine.	de L'ENTRÉE de la baie ou du pilier à Pornic.	DE PORNIC à Beauvoir ou Fromentine	DE PORNIC à Bourgneuf, Bouin, ou le Bois-la-Chaise.
2ᵐ20ᶜ et au-dessous.	27ᶠ32ᶜ	17ᶠ54ᶜ	27ᶠ32ᶜ	17ᶠ54ᶜ	27ᶠ32ᶜ	9ᶠ77ᶜ
2 40	29 78	19 14	29 78	19 14	29 78	10 85
2 60	32 26	20 73	32 26	20 73	32 26	11 52
2 80	34 73	22 33	34 73	22 33	34 73	12 40
3 00	37 20	23 93	37 20	23 93	37 20	13 27
3 20	39 67	25 53	39 67	25 53	39 67	14 14
3 40	42 77	27 44	42 77	27 44	42 77	15 33
3 60	45 93	29 36	45 93	29 36	45 93	16 57
3 80	49 09	31 28	49 09	31 28	49 09	17 81
4 00	52 26	33 20	52 26	33 20	52 26	19 06
4 20	55 43	35 13	55 43	35 13	55 43	20 30
4 40	58 91	37 25	58 91	37 25	58 91	21 67
4 60	63 16	39 72	63 16	39 72	63 16	23 44
4 80	67 40	42 19	67 40	42 19	67 40	25 21
5 00	71 64	44 66	71 64	44 66	71 64	26 98
5 20	75 90	47 15	75 90	47 15	75 90	28 75
5 40	80 70	49 71	80 70	49 71	80 70	30 98
5 60	86 10	52 87	86 10	52 87	86 10	33 23
5 80	91 51	56 02	91 51	56 02	91 51	35 49
6 00	96 65	58 79	96 65	58 79	96 65	37 86
6 20	103 01	62 51	103 01	62 51	103 01	40 49
6 40	109 25	66 12	109 25	66 12	109 25	43 12

TABLEAU N° 9.

Tarif pour l'embarquement et le transport des câbles de Paimbœuf à la rade des Charpentiers, et respectivement, de cette rade à Paimbœuf.

TARIF D'ÉTÉ DEPUIS LE 1er AVRIL JUSQU'AU 30 SEPTEMBRE.					TARIF D'HIVER DEPUIS LE 1er OCTOBRE JUSQU'AU 31 MARS.				
Dimension des câbles.	DISTANCES.				Dimension des câbles.	DISTANCES.			
	1re.	2e.	3e.	4e.		1re.	2e.	3e.	4e.
De 22c de circonférence et au-dessous.	11f 50c	16f 10c	20f 70c	25f 30c	De 22c de circonférence et au-dessous.	20f 70c	27f 60c	34f 50c	41f 40c
De 22 1/3 à 27c...	12 65	18 40	24 15	29 90	De 22 1/3 à 27c...	24 15	32 20	40 25	48 30
28 32....	13 80	20 70	27 60	34 50	28 32....	27 60	36 80	46 00	55 20
33 38....	14 95	23 00	31 05	39 10	33 38....	31 05	41 40	51 75	62 10
39 43....	16 10	25 30	34 50	43 70	39 43....	34 50	46 00	57 50	69 00
44 49....	17 25	27 60	37 95	48 30	44 49....	37 95	50 60	63 25	75 90
49 54....	18 40	29 90	41 40	52 90	49 54....	41 40	55 20	69 00	82 80
55 et au-dessus.	20 70	34 50	48 30	62 10	55 et au-dessus.	48 30	66 70	80 50	96 60

TABLEAU N° 10.

Tarif pour la levée et le transport des ancres depuis Paimbœuf jusqu'aux Charpentiers, ou de la rade des Charpentiers à Paimbœuf.

| | Ancre sans câble. | | | | Ancre avec câble. | | | |
| Poids des ancres. | Distances. | | | | Distances. | | | |
	1re.	2e.	3e.	4e.	1re.	2e.	3e.	4e.
TARIF D'ÉTÉ — DEPUIS LE 1er AVRIL JUSQU'AU 30 SEPTEMBRE.								
De 250 k. et au-dessous.	11f 50c	16f 10c	20f 70c	25f 30c	16f 10c	21f 85c	27f 60c	33f 35c
De 251 à 500 k.	12 65	18 40	24 15	29 90	18 40	25 30	32 20	39 10
501 750	13 80	20 70	27 60	34 50	20 70	28 75	36 80	44 85
751 1.000	14 95	23 00	31 05	39 10	23 00	32 20	41 40	50 60
1.001 1.250	16 10	25 30	34 50	43 70	25 30	35 65	46 00	56 35
1.251 1.500	17 25	27 60	37 95	48 30	27 60	39 10	50 60	62 10
1.501 1.750	18 40	29 90	41 40	52 90	29 90	42 55	55 20	67 85
1.751 2.000 et au-dessus.	20 70	34 50	48 30	62 10	34 50	55 20	66 70	79 35
TARIF D'HIVER — DEPUIS LE 1er OCTOBRE JUSQU'AU 31 MARS.								
De 250 k. et au-dessous.	20f 70c	27f 60c	34f 50c	41f 40c	25f 30c	33f 35c	41f 40c	49f 45c
De 251 à 500 k.	24 15	32 20	40 25	48 30	29 90	39 10	48 30	57 50
501 750	27 60	36 80	46 00	55 20	34 50	44 85	55 20	65 55
751 1.000	31 05	41 40	51 75	62 10	39 10	50 60	62 10	73 60
1.001 1.250	34 50	46 00	57 50	69 00	43 70	56 35	69 00	81 65
1.251 1.500	37 95	50 60	63 25	75 90	48 30	62 10	75 90	89 70
1.501 1.750	41 40	55 20	69 00	82 80	52 90	67 85	82 80	97 75
1.751 2.000 et au-dessus.	48 30	66 70	80 50	96 60	62 10	79 35	96 60	113 85

N° 11.

SOUS-ARRONDISSEMENT D

Service du pilotage.

(1) Nom et espèce du navire.
(2) Tonnage du navire.
(3) Tirant d'eau.
(4) Nom du pilote.
(5) Nom de la station.
(6) Date du jour où le pilote est monté à bord.
(7) Position du navire.
(8) Point où le pilote a commencé à conduire le navire.
(9) Point où le pilote a quitté le navire.
(10) Date du jour où le pilote est débarqué.
(11) Observations du capitaine sur la conduite du pilote.
En cas de plainte, la mentionner et l'adresser au directeur des mouvements du port de Nantes.
Échouement.
Abordage.
Avarie.
Perte d'encre.
(12) La somme en toutes lettres.
(13) Signature du pilote-major.
(14) Signature du capitaine.
(15) Nom et adresse de la personne qui doit payer le bulletin.

Je soussigné capitaine du navire (1) jaugeant (2) tonneaux, tirant (3) mètres centimètres d'eau, certifie que le nommé (4) pilote de la station de (5) est monté à bord le (6) étant (7) et qu'il a piloté mon navire de (8) à (9) où je l'ai débarqué le (10)

Observations (11)

	F.	C.
Décompte de à		
TOTAL...........		
A ajouter p.%. (Art .)..............		
TOTAL...........		

Il est dû au pilote une somme brute de (12)

A , le 18

Le Pilote-Major (13).

Vu et bon à payer,

A , le 18

Le Capitaine (14)

A M. (15)

N° 12.

Tarif pour le pilotage du quartier de Belle-Ile.

Entrée de l'un des ports de l'île.	Venant du large......	7ᶠ
	Venant du mouillage..	3

Sortie de l'un des ports ou des mouillages de l'île.............................. 3

Du large de l'île à l'un des mouillages........ 4

D'un mouillage à un autre mouillage de l'île.. 4

Du large aux limites de la station de l'île de Groix, ou des limites de la station de Belle-Ile à celles de Groix............................ 6

Du large aux limites de la station du Pouldu ou de Concarneau, ou des limites de la station de Belle-Ile à celles de ces mêmes stations.......... 9

Des limites de la station de Belle-Ile à un point des quartiers de Lorient et de Concarneau, non compris dans les stations de pilotes. (Voir les articles 98, 132, 139 et 158).

De Belle-Ile ou du large de Belle-Ile à l'un des mouillages ou dans l'un des ports des quartiers de Vannes et d'Auray, les tarifs du tableau N° 13 seront augmentés de moitié.

TABLEAU N° 13.

Tarif pour le pilotage dans les quartiers de Vannes et d'Auray.

INDICATION DES DISTANCES.	A Penerf.	A la Trinité-en-Crach.	A la baie de Quiberon.	A Port-Navalo.	A Locmariaquer	A Auray.	A Goulo.	A Mont-Serrat.	A Vannes.
Des ports Haliguen, Orange et du Pô-en-Carnac.............. par mètre.	6f 50c	4f 10c	3f 60c	6f 50c	7f 20c	8f 00c	8f 00c	8f 00c	9f 60c
De un à deux milles en dehors de la baie de Quiberon...... id.	»	4 10	3 60	6 50	7 20	8 00	8 00	8 00	9 60
De la Trinité-en-Crach....... id.	8 40	»	3 60	8 48	8 40	13 20	13 20	13 20	14 40
De la baie de Quiberon..... id.	5 40	3 60	»	5 40	6 60	8 40	8 40	8 40	10 80
De Port-Navalo............ id.	8 40	8 40	5 40	»	3 60	6 00	6 00	6 00	8 40
Locmariaquer .... id.	»	8 40	6 60	3 60	»	6 00	6 00	6 00	8 40
De Penerf................ id.	»	»	»	»	»	»	»	»	9 60

Nota. — De Belle-Ile aux points désignés ci-dessus, le prix du pilotage sera augmentée de moitié.

TABLEAU N° 14.

Tarif pour le pilotage dans le quartier de Lorient.

INDICATION DES DISTANCES.	A deux milles de Groix.	Au Mouillage de Groix.	A la rade de Larmor.	Au Port-Louis et Kernevel.	A Pennemaneck.	Au port militaire de Lorient.	A Caudan.	A Saint-Christophe.	Au quai Marchand.
De Belle-Ile, des Glénans ou de toutes autres distances égales... (par mètre.)	6f 00c	»	»	»	»	»	»	»	»
De un à deux milles en dehors de Groix.	»	4f 20c	5f 20c	6f 50c	7f 90c	8f 80c	9f 70c	11f 50c	10f 30c
Du mouillage de Groix..............	»	»	4 50	5 60	7 00	7 90	8 80	10 60	9 10
De la rade de Larmor...............	»	»	»	2 70	4 15	5 05	6 00	7 80	6 30
Du Port-Louis et de Kernevel.........	»	»	»	»	5 00	4 20	5 05	6 85	5 40
De Pennemaneck...................	»	»	»	»	»	2 70	3 60	5 40	4 50
Du port militaire de Lorient..........	»	»	»	»	»	»	1 80	3 30	3 60
De Caudan.......................	»	»	»	»	»	»	»	1 80	4 10
De Saint-Christophe................	»	»	»	»	»	»	»	»	5 10

TABLEAU N° 15.

Sous-quartier de Concarneau.

Les tarifs seront augmentés d'un sixième pour les bâtiments d'un tirant d'eau supérieur à 3 mètres 25 centimètres.

ENTRÉE OU SORTIE :

De Concarneau...... 12ᶠ 60ᶜ
Des Glénans........ 12 60
De la Forêt......... 12 60
De Saint-Laurent.... 12 60
De Port-Maneck (rivière de Pont-Aven). 12 60
Du Pouldu (rivière de Quimperlé)........ 12 60

DE CONCARNEAU.

Aux Glénans et à deux milles au moins au large des dangers des Glénans........ 26 40
A l'entrée de Benodet. 26 40
A l'entrée de l'île Tudy 26 40
A Pennemarck...... 30 60
A l'île Verte et à Port-Maneck.......... 26 40

DE LA BAIE DE CONCARNEAU.

A l'entrée de Bénodet

l'île de Tudy..... 18 00
A la baie de la Forêt. 6 00
A la petite rade de Concarneau........ 9 60
Au Pouldu......... 18 00

DES GLÉNANS.

A l'entrée de Bénodet. 18 00
A l'entrée de l'île Tudy 18 00
A Penmarck........ 26 40

DU POULDU.

A l'entrée de Bénodet. 39 60
Aux Glénans........ 26 40
A Pennemarch...... 26 40

DE LA PETITE RADE DE CONCARNEAU OU DE SON AVANT-PORT :

Au mouillage derrière la ville........... 5 00
Dans le bassin...... 2 75

ART. 92. — Le pilotage des bâtiments est exécuté par les pilotes et aspirants pilotes, répartis dans les stations comme suit :

		Pilotes.	Aspirants pilotes.
Quartier de Vannes	Port-Navalo	2	1
	Pénerf	1	1
	Ile d'Arz	1	1
	Ile aux Moines	1	1
Quartier d'Auray	Quiberon	1	1
	La Trinité-en-Crach	1	1
	Locmariaquer	1	1
	Auray	1	1
Quartier de Lorient	Groix	9	2
	Port-Louis	4	1
	Lorient	2	1
Sous quartier de Concarneau (1)	Pouldu	2	1
	Concarneau	2	1
Totaux		28	13

(1) Par décret du 24 octobre 1855, le sous-quartier de Concarneau a été rattaché au quartier de Quimper (2ᵉ arrondissement maritime), mais les dispositions concernant l'exercice du pilotage dans ce sous-quartier continueront de figurer dans le règlement général de pilotage du 3ᵉ arrondissement maritime jusqu'à révision simultanée de ce règlement et de celui du 2ᵉ arrondissement.

Art. 93. — Les stations des pilotes, désignés en l'article précédent, ont les limites déterminées ci-après:

1° La station intérieure d'Auray s'étend de ce port à celui de Locmariaquer. Les stations extérieures des quartiers d'Auray et de Vannes, c'est-à-dire celles de Port-Navalo et de Locmariaquer, ont pour communes limites, dans le baie de Quiberon, une ligne passant par le clocher de Carnac, la barre des Buissons et la pointe le Bauzec.

2° Celle de Pénerf est bornée par une ligne allant de Pénerf à la pointe Saint-Jacques et à l'île Dumet.

3° Les limites de la station de Quiberon s'étendent à deux milles de la côte orientale, et de la côte méridionale de la baie de Quiberon depuis la pointe sud de la presqu'île jusqu'à la pointe Baumer.

4° Celles de la station de la Trinité-en-Crach sont déterminées par une ligne allant du clocher de Carnac aux Buissons-de-Méaban.

5° La station de Groix a pour limite extérieure une ligne partant de la pointe du Talut et s'étendant au large à deux milles de la côte de l'île pour aller aboutir à la pointe de Gavres, et pour limite intérieure une ligne partant de cette dernière pointe, passant par les Errants et allant aboutir à la pointe nord de la baie de Larmor.

6° Celles de Port-Louis et de Lorient, une ligne passant par le Grazu et les Errants.

7° Celle de Pouldu a pour limite extérieure une ligne allant du moulin de Larmor au fort de Kergan, et pour limites intérieures le port de Pouldu et Quimperlé.

8° La station de Concarneau est déterminée par une ligne partant de Concarneau, allant à la Roche-Trévaroc, près de l'île aux Moutons, passant au large à une distance de deux milles en dehors des recifs extérieurs des Glenans, allant rejoindre la Barre-Jaune, et passant par l'île verte et la pointe sud de la rivière du Belon.

Art. 95. — L'aide-pilote-major, résidant à Goulfar, est chargé de la direction et de la surveillance du pilotage dans toutes les stations du quartier de Belle-Ile et de la répartition des pilotes dans les chaloupes.

S'il ne se présentait pas de pilote ou d'aspirant pilote pour résider au Palais, l'aide-pilote-major assurerait le service de cette station au moyen de pilotes détachés des autres stations à tour de rôle.

Les honoraires de ce chef de pilotage sont réglés conformément à l'article 18 du présent règlement, sauf en ce qui concerne le service du pilotage de la Loire, pour lequel ils sont réglés par l'article 90.

Art. 96, 97 et 99. — Supprimés.

Art. 101. — L'aide-pilote-major ordonne les réparations à faire aux chaloupes; au besoin il les fait exécuter d'office, après en avoir reçu l'autorisation du directeur des mouvements du port, et en se conformant pour le paiement au mode prescrit par l'article 35.

L'aide-pilote-major nomme les mousses des chaloupes. Il tient la liste, par ordre d'inscription, des jeunes gens qui, admis préalablement par le directeur des mouvements du port, se destinent à l'emploi de garçon de chaloupe.

ART. 110. — Les pilotes de Pénerf peuvent conduire les navires dans la Vilaine, en se conformant aux conditions énoncées en l'article 70, ainsi qu'à Port-Navalo, s'ils ne sont pas démontés par les pilotes de cette dernière station.

ART. 111. — Tout bâtiment entrant dans la Vilaine ou dans un des ports situés sur la rive droite de l'embouchure de la Vilaine, du tirant d'eau de 2^m, 30, quel que soit son tonnage, est tenu de prendre le pilote de Pénerf, qui se présente avant tout autre.

Les articles 106, 108 et 109 sont applicables à la station de Pénerf.

Notre ministre secrétaire d'état au département de la marine est chargé de l'exécution du présent décret, qui sera inséré au *Bulletin des lois* et au *Bulletin officiel de la marine.*

Fait au palais des Tuileries, le 5 mars 1859.

Signé NAPOLÉON.

Par l'Empereur :

L'Amiral, Ministre secrétaire d'état de la Marine,

Signé HAMELIN

Explications données par le Directeur des mouvements du port, sur la loi du 12 décembre 1806, et le décret-règlement du 5 mars 1859.

Loi du 12 décembre 1806.

ART. 34. — § Ier. — Le capitaine qui refuse un pilote de la première chaloupe qu'il rencontre n'est pas, par ce fait, exonéré de l'obligation du pilotage. S'il vient ensuite à rencontrer un second pilote, et qu'il le refuse encore, il s'expose à payer ce second pilote, sans préjudice du paiement dû au premier.

§ II*. — Pour être exempté de l'obligation du pilotage, un navire doit réunir à la fois les trois conditions suivantes (dépêche ministérielle du 17 septembre 1850, jugement du tribunal de Marennes du 12 août 1850) :

1° Avoir un tonnage inférieur à 80 tonneaux ;

2° Etre commandé par un maître au cabotage ;

3° Ce maître faisant habituellement la navigation de port en port, et pratiquant l'embouchure des rivières.

Décret-règlement du 5 mars 1859.

Art. 3. — § II. — Pour éviter le grave inconvénient de déranger inutilement les pilotes, et surtout pour éviter aux navires la charge de payer dans ce cas des pilotages, les capitaines sont invités à se conformer aux instructions suivantes :

Pour appeler le pilote, on hissera *au mât de misaine* le pavillon blanc bordé de bleu, ou, à son défaut, celui de nation.

Pour appeler la santé, on hissera *au grand-mât* le pavillon jaune, ou, à son défaut, celui de nation.

Il est ordonné aux pilotes d'informer les capitaines de ces prescriptions.

Art. 7. — § III. — Le pilote, en vertu de ce paragraphe, n'a droit qu'à un seul pilotage par station parcourue, quand bien même pour la sûreté du navire, cette station aurait été plusieurs fois parcourue, mais le pilote a droit au paiement de toute station différente de la première.

Art. 9. — L'indemnité de 6 fr. par jour (article 31) est due au pilote, à partir du lendemain du jour où il a franchi les limites extérieures de sa station, et jusqu'à celui inclusivement où il est débarqué sur un point des côtes de France. A ce moment, cette indemnité cesse, et le pilote n'a plus droit qu'à ses frais de conduite, à raison de 2 fr. par myriamètre, à partir du point de débarquement, jusqu'au chef-lieu de sa station.

Art. 33. — Il est ordonné au pilote de présenter son livret dès son arrivée à bord.

Le capitaine est tenu d'inscrire sur ce livret les renseignements prescrits par cet article.

Si le capitaine, après que le pilote a présenté son livret, se refuse à y inscrire, par deux rélèvements au moins, le point où le pilote s'est présenté à bord, et qu'il y ait plus tard discussion sur ce sujet, l'affirmation du pilote sera considérée comme l'expression de la vérité, et le paiement aura lieu à partir du point indiqué par ce pilote.

Art. 33. — The moment, the pilot comes on board ship, he must present his book to the captain.

The captain is bound to write in that very book the declarations prescribed by this article.

If the captain refuses to write in that book which has been presented to him, the necessary indications showing where the pilot came on board, and if there should be afterwards any discussion on the point where he took the vessel, then the affirmation of the pilot shall be considered as being true, and the payment shall be made from the point indicated by the pilot.

Pour la traduction :

W. Leveling.

Art. 33. — De loods is gehouden by het aan boord komen zyn bookje te vertoonen.

De schipper is verpligt in het bookje de in dezen artikel voorgeschrevene verklaring in te schryven,

Indien de schipper mogt weigerachtig blyven, zoodra de loods het bookje vertoond heeft, om daarin door eene dubble Aanwyzing het punt aan te geven, alwaar de loods aan boord gekomen is, en er naderhand een tegenstrydig verschil of voorwendsel over dit punt bestaat, dan zullen de bepalingen van den loods goedgekeurd en goedgevonden worden, en de betaling wordt van het punt aangerekend dat van den loods aangegeven wordt.

Pour la traduction :

W. LEVELING.

ART. 33. — Der Loots ist verpflichtet beim an Bordkommen sein Buch vorzuzeigen.

Der Kapitain ist verbunden in das Buch die in diesem Artikel vorgeschriebenen Angaben einzutragen.

Falls der Kapitain es verweigert, nachdem der Loots ihm sein Buch presentirt hat, um darin durch doppelt Abnehmen oder Zeichen-Angabe den Punkt zu bestimmen, allwo der Loots an bord gekommen ist, und es nachher ueber diesen Gegenstand Wortwechsel geben sollte, alsdann soll die Aussage des Lootsen fuer wahr und gueltig betrachtet werden, und die Zahlung geschieht von dem Punkte ab an, der von jenem Lootsen angegebenwird.

Pour la traduction :

W. LEVELING.

ART. 47. — *Observations sur le troisième paragraphe.* — Il est ordonné aux pilotes, dès leur arrivée à bord, après avoir fait amener le pavillon d'appel , de faire hisser le pavillon de nation, soit à la corne, soit à tout autre endroit apparent, afin d'indiquer leur présence à bord, et d'éviter que d'autres pilotes se dérangent de leur croisière.

Si en l'absence de ce signal un pilote se présente, le capitaine est tenu de le recevoir, et la conduite du bâtiment lui est immédiatement remise. Le premier pilote, indépendamment de la punition qu'il aura méritée, ne sera payé que jusqu'au point où le second pilote sera monté à bord.

Il est de plus ordonné aux pilotes arrivant sur rade de Saint-Nazaire, d'inviter les capitaines à se conformer aux prescriptions indiquées aux observations de l'article 3.

Le capitaine qui se refuse à exécuter ces prescriptions s'expose dans le cas (conformément à l'article 10 du règlement), où demandant la visite de la santé, il aura fait hisser le signal d'appel du pilote pour l'entrer dans le bassin, à payer le prix de cette entrée au pilote qui se sera présenté.

Les pilotes des stations de Belle-Ile, du Croisic, du Pouliguen, et de l'Herbaudière ayant, en vertu de l'article 47, le droit de conduire les navires jusqu'à Saint-Nazaire, sans pouvoir être démontés par les lamaneurs de cette station, sont prévenus que si, pour une cause quelconque, il font hisser le pavillon pour appeler ces derniers, ils perdent tous leurs droits au paiement de la distance dans laquelle le pilote de Saint-Nazaire sera monté à bord.

Le pilote de Saint-Nazaire est tenu d'abandonner sa croisière et de se rendre immédiatement à bord du navire. Mais dans ce cas, il a droit au paiement de cette distance entière en indemnité du préjudice qui lui est porté et en exécution de la prescription du tableau n° 2.

Le pilote étranger n'est payé que jusqu'à cette distance exclusivement.

SERVICE DU BASSIN A FLOT DE St-NAZAIRE.

Art. 57, 58, 59 et 60. — Le service du bassin, entrée, sortie, intérieur, mouvements au dedans de la ligne partant de l'extrémité de la jetée nord, passant par la bouée de la Basse-Nazaire et aboutissant au musoir de l'Ancien-Môle, dépend uniquement du bureau du port, et non de la marine.

C'est à l'officier du port seul à diriger ce service, et à le faire exécuter par les hommes sous ses ordres.

Les pilotes ont terminé leur service quand ils ont mouillé le navire sur rade ou quand ils sont parvenus à la ligne précitée. Les pilotages, à la sortie, ne commencent qu'à cette ligne.

Le chef du pilotage doit avant tout assurer le service dont il est chargé, et c'est seulement après que ce devoir est accompli, qu'il peut disposer des pilotes pour le bassin.

Si un navire, venant du large, peut immédiatement entrer dans le bassin, le pilote est tenu à faire cette manœuvre, mais il doit mettre le pavillon d'appel des agents du port et leur remettre la conduite du navire dès qu'ils se présentent; dans ce cas il est payé au pilote moitié du prix porté à l'article 46, s'il a atteint l'entrée des écluses, et le prix total, s'il est parvenu dans les écluses, mais il doit alors achever complétement l'opération,

Si, à la sortie du bassin, le navire doit de suite prendre le large, le pilote doit se rendre à bord avant que ce bâtiment ne soit sorti des écluses. L'agent du port conduit le navire jusqu'à la ligne précitée et le pilote n'en prend la conduite qu'à partir de cette ligne, et n'a droit qu'au pilotage de la rade au large.

Si le navire est mouillé sur la rade, en dedans ou en dehors de cette ligne, et qu'il doive entrer dans le bassin, le pilote ne doit pas faire le mouvement, et l'agent du port doit, avec ses hommes, aller prendre le bâtiment où il se trouve.

Il en est de même pour le navire qui, amarré dans le bassin, doit aller mouiller sur rade, c'est-à-dire que le pilote ne doit pas faire le mouvement, et que l'agent du port conduit le bâtiment à son mouillage, quel qu'il puisse être (en dedans ou en dehors de la ligne des bouées ci-dessus désignées).

A défaut d'ordres émanant du bureau du port, ou d'agents du port, le pilote doit faire ces opérations. Dans ce cas, l'officier du port fait, par écrit, au chef du pilotage, la demande d'un pilote, qui lui est fourni si le service le permet. Le pilote est alors détaché du service du pilotage et mis, pendant la durée de l'opération, sous les ordres du port. Il doit en conséquence exécuter tous les ordres qui lui sont donnés par les officiers du port, mais il est payé par les soins du pilote major.

Lorsqu'un capitaine demandera au chef du pilotage un pilote pour l'entrer dans le bassin ou l'en sortir, ou pour tout autre mouvement se rapportant au bassin, ce chef le renverra à l'officier de port et attendra que la demande lui en soit faite par ce dernier,

STATION DE BELLE-ISLE.

Art. 61 et 62. — Il est ordonné aux pilotes de Belle-Isle, débarqués à Saint-Nazaire, de ne pas quitter ce port sans s'être présentés devant le pilote-major, et avoir reçu ses ordres.

Une chaloupe de Belle-Isle, au choix de l'aide-pilote-major, est consacrée, jusqu'à nouvel ordre, à aller chercher à Saint-Nazaire les pilotes qui y sont débarqués : ces pilotes ne peuvent quitter ce port qu'après en avoir reçu l'autorisation du pilote-major, qui leur indique s'ils doivent retourner dans cette chaloupe, ou par le vapeur ou par toute autre voie. Les pilotes qui retournent par la chaloupe, doivent à chaque voyage faire des sondages entre Saint-Nazaire et le Four, et en rendre compte dès leur arrivée à leur chef.

Les aspirants font, à tour de rôle, le service de cette chaloupe pendant le temps fixé par l'aide-pilote-major; ils doivent faire des sondages à chaque voyage et en rendre compte,

Il est expressément ordonné aux pilotes de Belle-Isle de se conformer littéralement aux prescriptions relatives aux pavillons. (Voir les articles 4 et 3.)

STATION DU CROISIC.

Art. 63. — Lorsqu'un navire à destination du Croisic est pris par un pilote étranger à ce port, ce pilote est dans l'obligation de faire hisser le pavillon d'appel, avant d'arriver à Hœdic, afin que le pilote du Croisic puisse se rendre à bord. Ce dernier prend la conduite du bâtiment quand il est au nord du Four; il est payé à partir de ce point, et le pilote étranger, du large jusqu'à ce même point,

Le pilote étranger qui aura négligé de faire hisser le pavillon d'appel, perdra sans préjudice de la punition qu'il aura méritée, tous droits au paiement du Four au Croisic, qui sera remis au pilote de tour de ce port.

Art. 64 et 65. — Le pilotage du Four dans le port du Croisic et réciproquement, se compose de deux parties :

1° (article 64) du Four à l'entrée du Croisic, payé à raison de 7 fr. 50 par mètre de calaison.

2° (article 65) de l'entrée du port du Croisic à l'intérieur de ce port, payé 2 fr. 50 par mètre.

L'entrée du Croisic est déterminée par une ligne partant du village de la Turballe et venant s'arrêter aux dernières roches N.-N.-O. de la basse dite de Castouillet.

SERVICE DE PAIMBŒUF.

Art. 77. — Il est ordonné aux pilotes, à quelque station qu'ils appartiennent, de se présenter devant l'aide-pilote- major, dès leur arrivée à Paimbœuf.

Ils ne peuvent quitter ce port sans avoir pris ses ordres.

Tout pilote qui mouille un navire sur rade, en rend immédiatement compte à son chef, qui lui donne l'ordre d'en aviser le maître du port. Si ce dernier, ne trouvant pas le navire bien mouillé, ordonne un changement de place, il est exécuté par le pilote, après en avoir averti le pilote-major. Ce mouvement ne donne pas droit au paiement d'un changement de place.

INSCRIPTIONS DES PILOTES.

Les capitaines dont les navires sont mouillés sur rade, et qui sont astreints au pilotage, doivent, tant pour monter à Nantes que pour aller à Saint-Nazaire, déposer au bureau du pilote-major un billet de demande du pilote, portant :

Le nom du capitaine ;

Le nom et l'espèce du navire ;

Le tonnage ;

Le tirant d'eau ;

Le lieu du mouillage ;

Le jour pour lequel le pilote est demandé.

Toute fausse déclaration de la part du capitaine l'expose aux conséquences prévues par l'article 32 ; il perd de plus son tour, et passe après tous les navires inscrits pour le même jour.

Le capitaine qui, après avoir déposé son billet de demande, prévoit qu'il ne sera pas prêt pour le jour où il a demandé le pilote, peut toujours retirer ce billet, et le remplacer par un autre ; mais s'il néglige de le faire et que le pilote se présentant au jour demandé il le renvoie, il est tenu de payer à ce pilote une journée de 6 fr., et son billet est annulé, c'est-à-dire qu'il est tenu de faire désigner un autre pilote. S'il le conserve à bord, il tombe sous les prescriptions de l'art. 83.

Tout pilote arrivant à Paimbœuf doit aller se faire inscrire au bureau du pilotage. L'inscription est obligatoire jusqu'au nombre de 10 et facultative jusqu'à celui de 16. Aucun pilote ne peut se faire inscrire s'il ne se présente lui-même. Les pilotes sont soumis à l'inscription forcée, et ont droit à celle facultative tant qu'ils n'ont pas quitté Paimbœuf. Ceux envoyés de la Basse-Indre prennent rang après les lamaneurs déjà inscrits.

CHAMBRE DES PILOTES.

La chambre est gardée par au moins 6 pilotes en vives eaux et par 4 en mortes eaux. Ce nombre peut être augmenté sur l'ordre de l'aide-major, qui réserve le nombre de pilotes qu'il juge convenable.

Les pilotes de garde restent au poste, de nuit comme de jour ; ils ne peuvent s'en absenter sans autorisation.

Aucun pilote ne peut garder la chambre pour un autre.

PLACEMENT DES PILOTES.

Les pilotes sont placés dans l'ordre suivant à bord des navires inscrits :

Le navire le premier inscrit a droit au pilote également inscrit le premier, et ainsi de suite, laissant de côté les navires dont le tirant d'eau est trop fort, et auquel un pilote est envoyé dès que les marées le permettent. Le pilote-major est juge de ce dernier cas.

Les billets sont délivrés aux pilotes la veille du départ, pour les navires inscrits à l'avance, et immédiatement pour ceux inscrits le jour même.

Les pilotes ne doivent pas monter à bord des bâtiments sous voiles lorsqu'ils doivent mouiller sur rade, pour ne faire route que le lendemain ; mais s'ils en sont requis par le capitaine, ils sont tenus de faire le mouvement ; dans ce cas, il est dû un changement de place.

Les pilotes peuvent prendre au bureau les noms des navires inscrits et s'assurer de l'exactitnde des déclarations des capitaines. Si ces déclarations sont inexactes, ils doivent les faire rectifier dans les vingt-quatre heures qui précèdent le départ des navires, sous peine de voir rejeter leurs réclamations.

Tout pilote désigné pour un navire qui, par une circonstance indépendante du pilote, ne part pas, perd son tour, et le reprend à la suite du dernier pilote placé ; si le départ est retardé par sa faute, il est puni, et l'aide-major rend compte de sa conduite.

Le service de Paimbœuf à Saint-Nazaire et *vice versa*, en ce qui concerne les pilotes de la Basse-Indre, n'est fait qu'après que celui de Paimbœuf à Nantes est assuré. L'aide-major doit, suivant les cas, réserver un certain nombre de pilotes disponibles pour ce dernier service.

Le pilote de l'intérieur ne doit se présenter pour conduire un navire à Saint-Nazaire, qu'autant qu'il n'y a pas de pilote de ce dernier port à Paimbœuf, et à moins qu'il ne soit expressément demandé par le capitaine.

Le service de Paimbœuf à Saint-Nazaire est fait par les pilotes de Saint-Nazaire. Lorsque ceux de l'intérieur sont appelés à faire ce service, on doit suivre la liste en commençant par le dernier pilote inscrit. Ce pilote ne perd pas son tour pourvu qu'il soit de retour à Paimbœuf assez tôt pour en profiter.

Les pilotes qui, venant de Nantes, ne doivent pas mouiller à Paimbœuf, sont tenus de hisser le pavillon d'appel du pilote de Saint-Nazaire, à moins que le capitaine n'exige qu'il continue sa route.

Les pilotes des Quatre-Amarres sont spécialement chargés de ce service et des changements de place où tous mouvements quelconques sur la rade de Paimbœuf.

A leur défaut, les autres pilotes sont tenus de les exécuter. Ces mouvements, ainsi que tout pilotage entre Paimbœuf et Lavaud, reviennent au dernier pilote de tour; ils ne doivent avoir lieu que sur l'ordre du maître du port et celui de l'aide-major.

LIMITES DE LA RADE DE PAIMBŒUF.

La limite ouest est pour les navires sous voiles la ligne nord et sud, passant par le centre de la chaussée de la pierre à l'Œil. Lorsque le bâtiment arrive à cette ligne, il revient au pilote de tour, quand bien même, par une manœuvre quelconque, il retournerait plus à l'ouest.

Pour les navires à l'ancre, la rade est limitée à l'ouest par la ligne allant de Donges à Corsept, et à l'est par la partie la plus est de la petite rade de l'est.

Dans leurs tournées, les pilotes doivent visiter tous les navires compris dans ces limites.

DISPOSITIONS DIVERSES.

Le pilote qui amène à Paimbœuf un navire devant aller aux Quatre-Amarres, est tenu de faire hisser au mât de mizaine deux pavillons pour appeler le pilote des Quatre-Amarres,

Aucun navire ne doit être appareillé sans en avoir obtenu l'autorisation du maître de port, et sans avoir préalablement hissé son pavillon de nation pendant le jour, et un feu pendant la nuit.

Les pilotes sont tenus à leur départ de Paimbœuf pour Basse-Indre, ou Saint-Nazaire, de se charger des ordres ou avis à transmettre aux pilotes-majors.

Extraits des règlements de police des ports de Nantes, Paimbœuf et de Saint-Nazaire.

CHAPITRE Ier. — Art. 1er. — Tout pilote en abordant en mer un navire destiné pour le port doit, indépendamment des dispositions prescrites par le décret du 12 décembre 1806, s'informer près du capitaine si le bâtiment est susceptible d'échouage et quel est son tirant d'eau. Il prendra sous sa responsabilité personnelle les mesures nécessaires pour prévenir tout sinistre.

Art. 2. — Tout navire, soit à l'entrée, soit à la sortie du port, doit arborer le pavillon de sa nation.

Art. 4. — Aucune ancre ne doit être mouillée dans la passe des navires; mais on peut, avec l'autorisation des officiers de port, les mouiller dans tout autre endroit du port, en ayant soin d'y attacher un orain avec bouée.

Art. 8. — *Port de Paimbœuf.* **—** Les navires et embarcations de toutes sortes, en destination de Paimbœuf, prendront place dans ce port, conformément aux indications suivantes :

1° Les bateaux à vapeur faisant le service des voyageurs, les canots et petites embarcations accosteront aux quais et aux chaussées, suivant la hauteur de la marée.

2° Les alléges et caboteurs, tirant moins de 2^m 50 d'eau, mouilleront en amont de la vieille prison. Il est expressément défendu aux alléges d'entrer dans les rades, si ce n'est pour donner ou prendre charge à bord de grands navires ; elles devront se retirer immédiatement après.

3° Tout navire calant plus de 2^m 50 et moins de 4^m 30 mouillera dans la petite rade en amont de la chaussée du phare.

4° La grande rade située en aval de la chaussée du phare, sera exclusivement réservée aux navires calant plus de 4^m 30. Aucun navire d'une moindre calaison ne pourra y séjourner, si ce n'est provisoirement, avec l'autorisation spéciale de l'officier du port, et seulement lorsqu'aucun navire d'un plus grand tirant-d'eau n'aura besoin d'y prendre place. Tout navire ainsi toléré dans la grande rade devra se retirer en cas de besoin, à la première réquisition de l'officier du port.

5° La rade des Quatre-Amarres est réservée pour les grands navires qui doivent armer ou désarmer, ou caréner, ou enfin rester longtemps à Paimbœuf. Les navires seront admis à tour d'inscription dans cette rade, sur la demande des capitaines.

Art. 9. — Tout navire mouillé en grande rade ou en petite rade des alléges devra affourcher sans délai, après avoir pris le mouillage ; il devra conserver entre lui et les autres navires une distance suffisante pour l'évitage.

CHAPITRE 2. — Art. 2. — *Port de Saint-Nazaire.* — Les navires qui doivent entrer dans les bassins se présenteront, autant que possible, devant les portes, avant le moment de la pleine mer, l'avant le premier.

Art. 3. — Les officiers de port assisteront à l'entrée des navires dans les bassins.

Ils donneront au capitaine, qui doit toujours être à son bord pendant cette opération, les ordres nécessaires pour le passage des écluses et des ponts. Ils détermineront le nombre de haleurs nécessaires pour que le passage du navire dans les écluses se fasse aussi rapidement que possible.

Art. 4. — Tout navire qui voudra entrer dans le bassin, devra indiquer cette intention en hissant au grand mât un pavillon national surmontant son pavillon de reconnaissance. Ce signal sera surtout nécessaire, s'il veut donner dans le chenal sans mouiller sur rade. Dans ce cas, il devra être muni ou d'une ancre à jet parée à mouiller de derrière, ou de fortes amarres à envoyer de derrière sur les estacades, dans le but d'amortir son erre s'il en avait trop.

Les bateaux à vapeur devront suspendre le jeu de la machine assez à temps pour que leur erre soit complétement amortie à l'entrée des écluses. L'officier du

port jugera s'ils peuvent y pénétrer en marchant doucement ou s'ils doivent s'y faire hâler.

ART. 5. — Le mât de signaux de la jetée sud annonce l'ouverture des bassins ainsi qu'il suit :

Un pavillon blanc écartelé de noir, surmonté d'une flamme noire, signifie :

Marée montante ou sasse.

Le même pavillon seul :

La petite écluse est ouverte.

Le même pavillon surmonté du pavillon national :

La grande écluse est ouverte.

Le même pavillon surmontant la flamme noire :

Marée descendante ou sasse.

Le pavillon rouge :

Le bassin est fermé, le chenal est interdit.

CHAPITRE 9. — ART. 1er. — Les pilotes, maîtres et patrons sont responsables des avaries que leurs bâtiments peuvent causer aux ouvrages dépendant du port, les cas de force majeure excepté.

Toutes les dégradations faites aux couronnements et autres parties de quais seront réparés aux frais de ceux qui les auront occasionnées, sans préjudice des poursuites à exercer contre eux pour le fait de la contravention.

CHAPITRE 10. — ART. 1er. — Les officiers et maîtres de port sont chargés de veiller à la propreté et à la sûreté matérielle de la rade, des ports, bassins, quais et autres ouvrages qui en font partie.

Ils exercent, en outre, la police sur le port et toutes les dépendances, les rades exceptées. Toutefois, sera considérée comme abord du chenal et dépendance du port, et comme telle soumise à l'autorité des officiers

de port, parce qu'elle doit rester libre pour les manœuvres d'entrée et de sortie, la portion de la petite
rade, délimitée par les lignes joignant l'extrémité de la
jetée nord, la bouée de la basse Saint-Nazaire, les
deux corps-morts de touage, et le musoir de l'ancien
môle.

ART. 2. — Ils règlent l'ordre d'entrée et de sortie
des navires dans le port et dans les bassins : ils fixent la
place que ces navires doivent occuper, les font ranger
et amarrer, ordonnent et dirigent tous leurs mouvements.

ART. 4. — Les officiers et les maîtres de port sont
pareillement chargés de la surveillance des pilotes et
de la police du pilotage, dans les ports où il n'existe ni
officier militaire, directeur des mouvements, ni agent
spécial de l'autorité maritime.

Les officiers et les maîtres de port, lorsqu'ils sont
chargés du pilotage, reçoivent directement des pilotes
les rapports prescrits par les articles 23, 36, 37, 38, 39
et 49 du décret du 12 décembre 1806.

Dans le cas contraire, ces rapports leur sont transmis
par l'intermédiaire des officiers ou agents spécialement
préposés au service du pilotage.

Dans tous les cas la surveillance des pilotes et la
police du pilotage, sont exercées sous la direction
exclusive de l'autorité maritime.

ART. 5. — Les officiers et les maîtres de port donnent
des ordres aux capitaines, patrons, pilotes et maîtres
haleurs, en tout ce qui concerne les mouvements des
navires et l'accomplissement des mesures de sûreté,
d'ordre et de police qu'il est nécessaire d'observer, ou
qui sont prescrits par les règlements.

ART. 9. — Dans le cas où ils sont injuriés, menacés,
ou maltraités dans l'exercice de leurs fonctions, et
lorsqu'ils ont, en conformité de l'art. 16 de la loi du
13 août 1791, requis la force publique et ordonné l'ar-
restation provisoire des coupables, ils doivent dresser
immédiatement un procès-verbal et le transmettre
directement au procureur impérial.

CHAPITRE 11. — ART. 1er. — Les contraventions au

présent règlement, et tous autres délits et contraventions concernant la police du port, des bassins et des quais, seront constatées par procès-verbaux des officiers et maîtres de port, commissaires de police et autres agents ayant qualité pour verbaliser.

Extraits du décret du 15 juillet 1854, sur l'organisation des officiers, maîtres de port.

ART. 19. — Les officiers ou maîtres de port remettent à l'autorité maritime copie de tout procès-verbal dressé contre un pilote dans l'exercice de ses fonctions.

Cette autorité donnera un reçu de la copie qui lui aura été remise; elle aura quinze jours pour transmettre son avis à l'officier ou maître de port qui aura dressé le procès-verbal. Passé ce délai, ce dernier donnera suite audit procès-verbal, en y joignant soit l'avis de l'autorité maritime, soit un certificat constatant qu'elle n'a fait aucune réponse.

Nantes, imp. de Vincent Forest, place du Commerce, 1.